Gerhard Kaufmann · Torkild Hinrichsen

Das Freilichtmuseum Rieck-Haus in den Vierlanden bei Hamburg

mit Beiträgen von
Günther Grundmann und Paul Gädtgens

Altonaer Museum in Hamburg – Norddeutsches Landesmuseum

Husum

Erschienen zum zweiten Erdbeerfest im Rieck-Haus als neu bearbeitete und wesentlich vermehrte Ausgabe des ersten Sammlungsführers durch das Freilichtmuseum von Gerhard Kaufmann (Schausammlungen des Altonaer Museums, Heft 7, Hamburg 2/1971), der zuerst als Textheft zur Lichtbildreihe der Staatlichen Landesbildstelle Hamburg 1969 erschienen war.

Bildnachweis:
Fotografien: Torkild Hinrichsen 10, 12, 21, 26, 46, 48, 49, 51, 54, 55, 60, 61, 63, 66, 67, 70
Silke Lachmund 14, 20, 26, 28, 29, 33, 37, 39, 43, 51, 55, Titelbilder
Werner Schröder 11, 13, 22, 24, 25
Historische Aufnahmen: Archiv des Altonaer Museums.

Herausgeber: Prof. Dr. Gerhard Kaufmann und Dr. Torkild Hinrichsen für das Altonaer Museum in Hamburg – Norddeutsches Landesmuseum – Stiftung des öffentlichen Rechts – und dessen Außenstelle Rieck-Haus.

Die Deutsche Bibliothek – CIP-Einheitsaufnahme

Ein Titeldatensatz für diese Publikation ist bei
Der Deutschen Bibliothek erhältlich.

Für Elfriede und Erich Rieck, Christel und Werner Eggers, die „Seelen“ des Rieck-Hauses

Satz und Lithographie: Fotosatz Husum GmbH
Druck und Verarbeitung: Husum Druck- und Verlagsgesellschaft
Postfach 1480, D-25804 Husum – www.verlagsgruppe.de
ISBN 3-88042-949-9

Kirche Curslack
Federzeichnung
Hans Förster, 1938

Die Vierlande und ihre Bewohner

Den Namen der Vier Lande führen vier grosse Dörfer, die unter dem Amts Bergedorf, also unter Lübeckisch-Hamburgischer Hoheit stehen. Sie heissen Kirchwärder, die Alte Gamme, die Neue Gamme und Kurslak ... Diese Vier Lande sind die gesegnetsten, fruchtbarsten, bewohntesten und glücklichsten Gegenden rings in der Nähe von Hamburg. Sie gewähren dem Anbauer alle Erfordernisse der Nothwendigkeit und des ländlichen Luxus. Dies lässt sich allein schon daraus schliessen, dass ein wohlhabender Vollhüfner nur 20, selten über 30 Morgen Landes besitzt, die ihm mehr Ertrag geben, als die ... angeführten 60 bis 100 Scheffel dem Vollhüfner anderer Gegenden. Hier baut er nichts als Weitzen und Roggen, und hat die reichste Ernte an Ergiebigkeit und Schönheit der Frucht. In den Gärten, die Landleute hier bei ihren Häusern besitzen, wachsen die besten und edelsten Obstarten, die oft jährlich dem Eigner 1000 Mk, und darüber ausbringen. Die Käthner und Häuslinge thun sich besonders hervor in Erzeugung der Garten-Gemüse, vorzüglich der berühmten Erdbeeren, die sie in unglaublicher Anzahl nach Hamburg führen. Andere sammeln aromatische Blüten und bittre Kräuter, mit welchen der Städter sein erschwelgtes Winterblut im Frühling dem Sommer zumildert. Für eben diesen zieht auch der Vierlander das feiste Schlacht- und Federvieh, und erschöpft seinen Fleiß zur Befriedigung der städtischen Gaumen ... Alle diese Umstände bewirken, dass die Vierländer, im Ganzen genommen, die begütertsten, erwerbsamsten, unternehmendsten und trotzigsten Landleute sind.

J. L. von Heß, 1796

Vier Kirchspiele

Die vier Gemeinden Kirchwerder, Altengamme, Neuengamme und Curslack sind seit 1556 unter dem Namen Vierlande bekannt, 77 qkm groß und heute von rund 150 000 Menschen bewohnt. Sie liegen mit den Marschlanden südöstlich von Hamburg zwischen dem Bogen der heutigen Elbe und dem Geestrand des Elburstromtals, durchzogen von der Gose-Elbe und der Dove-Elbe.

Der fruchtbare Marschboden dieses Gebietes ist seit dem 2. Jahrtausend vor Christi von der Elbe hier abgelagert worden. Die Besiedlung setzte etwa im 12. und 13. Jahrhundert unter Führung Holsteiner Grafen und sächsischer Herzöge ein. Für die spätere Entwicklung ist es wesentlich, dass die Siedler den Besitz von dem Landesherren direkt in Erbleihe erhielten und so bis auf wenige Ausnahmen nicht in adlige Grundherrschaft kamen. Zu Beginn des 15. Jahrhunderts gelangten die Marschlande in hamburgischen Besitz, die Vierlande seit 1420 in den gemeinsamen Besitz von Hamburg und Lübeck. Sie wurden von Schloss Bergedorf aus verwaltet. Für 200 000 preußische Taler wurde im Jahre 1868 der Lübecker Anteil an den Vierlanden an Hamburg übertragen. (5)

Seit Jahrhunderten der „Gemüsegarten“ Hamburgs, sind die Vierlande heute noch das größte zusammenhängende Gemüse- und Blumenanbaugebiet Deutschlands mit der größten Kapazität an Treibhäusern. Die Nähe zum schier unersättlichen Markt der Großstadt Hamburg, die gute Verkehrsanbindung für den Warentransport auf dem Wasserweg, der fruchtbare Marschboden und der Fleiß der Vierländer brachten den Dörfern Reichtum, wovon Kirchen und Fachwerkhäuser mit ihrer prachtvollen Ausstattung ebenso zeugen wie die traditionelle, aufwendige Vierländer Tracht.

Wurden anfänglich vor allem Weizen sowie Braugerste und Hopfen für die Hamburger Brauereien angebaut, verlegten sich die Vierlande seit dem 18. Jh. zunehmend auf den arbeitsintensiveren Anbau von Gemüse und Blumen auf kleineren Flächen. Denn neben den großen Höfen der „Hufner“ nahm durch Erbteilungen und die Privatinitiative nachgeborener Söhne und ehemaliger Knechte die Anzahl der „Kätner“ mit kleinen Parzellen zu. Dort wurden immer neue Sorten erfolgreich probiert, ehemals exotisches wie Pfirsiche und Aprikosen und die heute noch bekannten Vierländer Spezialitäten: Erdbeeren (seit 1693), Stiefmütterchen, Tulpen, Maiglöckchen, Tomaten und Rhabarber.

Die Vermarktung durch die Erzeuger oder beauftragte „Kaufschläger“ machte besonders die Vierländer Frauen in ihrer unverwechselbaren Tracht weit über Hamburg bekannt.

Das Rieck-Haus, gelegen im Vierländer Dorf Curslack, ist, 1533 begonnen, das älteste erhaltene Hufnerhaus der Vierlande und eines der ältesten nicht kirchlichen Gebäude Hamburgs. (22)

Das Freilichtmuseum Rieck-Haus

Das Freilichtmuseum Rieck-Haus ist eine Außenstelle des Altonaer Museums in Hamburg. Als solche ist es einbezogen in dessen volkskundliche und kulturgeschichtliche Arbeit und übernimmt die Aufgabe, am Beispiel des Vierländer Hofes im Dorfverband exemplarisch etwas von der vergehenden bäuerlichen Kultur zu bewahren und zu veranschaulichen, die innerhalb des Museumsgebäudes in Hamburg-Altona an Hausmodellen und vom ursprünglichen Ort losgelösten originalen Einzelobjekten der bäuerlichen Sachkultur wie etwa Stuben, land- und hauswirtschaftlichem Gerät und Trachten dem Besucher vor Augen geführt wird. Nur ein Freilichtmuseum vermag realitätsnah einen Einblick zu vermitteln in die bäuerliche Wirtschaft, in die Wirtschaftsgesinnung und in das Wohnen und Zusammenleben und somit bäuerliche Kulturgeschichte sinnfällig zu machen. Verbleiben wie im Falle des Rieck-Hauses auch noch die Gebäude an Ort und Stelle, so ergibt sich der Vorteil, dass nicht allein das Haus und die Hofstelle, sondern auch die Siedlungs- und Flurform noch Aussagekraft für den Besucher besitzen. (1)

Die Kulturlandschaft der Vierlande

Zwischen Geesthacht und Finkenwerder bildet die Elbe gleichsam ein Delta, bevor sie in ihre rund 100 km lange Trichtermündung übergeht. Der Gezeitenfluss reichte ehemals bis nach Lauenburg. Durch das damit verbundene regelmäßige Kentern des Stromes in diesem Abschnitt war der Schlickfall hier besonders stark, sodass sich seit etwa 2000 v. Chr. zwischen dem Bogen der heutigen Stromelbe und dem Geestrand jenes Stromspaltungsgebiet mit seinen durchschnittlich 6 bis 7 m tiefen Marschböden bilden konnte, das heute die Namen Vierlande und Marschlande trägt, durchzogen von der Dove-Elbe – der „tauben" Elbe – und der Gose-Elbe – der trockenen, flachen Elbe. Dabei wurden in der Nähe der Flussläufe gröbere Teilchen und damit sandhaltigere Materialien bis zu einer Höhe von maximal 4,5 m über NN abgelagert, während dahinter die Kleidecke immer dünner und damit humoser, feuchter, saurer wird und nur noch eine Höhe von durchschnittlich 0,5 m über NN erreicht.

Die Besiedlung des rund 76 qkm großen Gebiets setzte um die Mitte des 12. Jahrhunderts ein. Zuerst wird es sich wie in den Nordseemarschen um Wurtensiedlungen gehandelt haben, die hier jedoch wieder verschwanden. Die natürlichen Verhältnisse mit ihrer unterschiedlichen Höhenlage boten eine Bedeichung geradezu an, die auf Anregung der sächsischen Herzöge und der Holsteiner Grafen vorgenommen wurde; 1188 wird Altengamme als erstes Dorf, 1217 Kirchwerder als letztes genannt, um die Mitte des 13. Jahrhunderts war die durchgehende Besiedlung abgeschlossen. Herausgebildet haben sich die Deichverbände Kirchwerder-Ochsenwerder zwischen Strom- und Gose-Elbe, Neuengamme-Reitbrook zwischen Gose-Elbe und Dove-Elbe und Altengamme-Curslack zwischen Dove-Elbe und Geestrand, sie umfassen also auch die Marschlande. Es waren Marschhufensiedlungen entstanden, bei denen sich die Hufen in lockerer Reihung an den Deichinnenseiten senkrecht zu diesen in schmalen Streifen 2 bis 3 km bis zum Achterdeich oder zu dem in der Mitte der Inseln angelegten, westwärts entwässernden Landscheidegraben erstreckten. Die übliche Hufengröße betrug etwa 40 Marschmorgen, das sind knapp 40 ha, wenngleich völlige Besitzgleichheit anscheinend nie geherrscht hat (1 Marschmorgen in den Vierlanden = 0,966 ha).

Nach den Höfebüchern hatte der Rieck-Hof 1867 36 Morgen Land. Ursprünglich war der Besitz unter Klaus Schinkell 1570 50 Morgen groß, 1621 nur 27, und pendelte sich dann in den Jahren 1646, 1679 und 1762 auf 33 Morgen ein. (Der Morgen zu 9600 qm.)

Über die Herkunft der Siedler ist nichts bekannt. Sie mögen aus den benachbarten holsteinischen oder niedersächsischen Geestdörfern gekommen sein. Eine unmittelbare Beteiligung von Holländern lässt sich, anders als in den westlich gelegenen Elbmarschen („Altes Land"), nicht nachweisen. Wichtig ist dagegen, dass die Siedler zum einen das gegenüber dem sächsischen bessere „hollische Recht" erhielten, das zu einigen Besonderheiten in der Zehntabgabe, im Deichbau und in der Entwässerung führte, und dass sie zum anderen ihren Besitz direkt vom Landesherrn, den Sachsenherzögen und den Holsteiner Grafen in freier Erbleihe erhielten.

Die Entwicklung der politischen Verhältnisse führte nach 1227 zur Trennung der Vierlande von den Marschlanden, die ja naturräumlich eine Einheit miteinander bilden und durch diese Trennung eine unterschiedliche kulturlandschaftliche Ausprägung erhielten. Für die Vierlande ist wesentlich, dass sie – von unbedeutenden Ausnahmen abgesehen – Bauernland blieben, also nicht unter adelige Grundherrschaft kamen, und dass sie 1420 unter die beiderstädtische Herrschaft von Hamburg und Lübeck gerieten. Das hatte unter anderem auch zur Folge, dass die Dove-Elbe mit in die Hamburger Stromregulierungsarbeiten einbezogen werden konnte und 1471 an ihrer Abzweigstelle abgedämmt wurde, um die Wasserführung der Stromelbe zu verbessern, ein Schicksal, das der Gose-Elbe bereits zu Beginn des 14. Jahrhunderts beschieden war. 1868 endete die beiderstädtische Herrschaft nach der Ablösung des lübischen Anteils durch Hamburg. 1951 wurde bei Tatenberg die Dove-Elbe und damit auch die in sie mündende Gose-Elbe durch eine Schleuse ebenfalls von Westen geschlossen. Damit waren alle Deiche im Inneren der Vierlande zu Schlafdeichen geworden, sodass man beginnen konnte, sie zu einem Teil abzutragen und in moderne Straßen umzuwandeln.

Die Wirtschaftsgrundlage der Höfe bildete etwa bis zur Mitte des vorigen Jahrhunderts der Getreideanbau, und zwar vor allem der von Weizen. Zur Zeit der Blüte des Braugewerbes in Hamburg, vom 14. bis zum Ende des 17. Jahrhunderts, galt neben Weizen, Hafer und Roggen, der von jeher viel angebaut wurde, da der Boden größtenteils leichter ist als in den benachbarten Marschen, auch die Gerste als eine wichtige Frucht, doch lag seit Beginn des 19. Jahrhunderts ihre Erzeugung weit unter dem Verbrauch im eigenen Betrieb. Ausgerichtet war der Anbau stets auf den Hamburger Markt mit seinem bedeutenden Getreideexport und dem hohen, ziemlich stetig zunehmenden Eigenverbrauch der Stadtbevölkerung. Bei der Tierhaltung hatte, dem Ackerbau und der schweren Deicharbeit entsprechend, die Pferdehaltung und -zucht und, den Absatzchancen entsprechend, die Kälber- und Jungviehmast für den Hamburger Markt tragende Bedeutung. Die Milchwirtschaft dagegen diente allein der Eigenversorgung, da die Verkehrsverhältnisse eine tägliche Lieferung von frischer Milch nach Hamburg nicht zuließen und der Mangel an natürlichem Grünland eine Butterproduktion nicht wirtschaftlich erscheinen ließ. (Weiden und Wiesen standen zu Beginn des 20. Jahrhunderts zum Ackerland – ohne Berücksichtigung des Gartenlandes – im Verhältnis 2 : 17!) Erst in jüngster Zeit im Zuge der Anpassung an EG-Gegebenheiten gehen etliche Bauern auch zur Milcherzeugung über, da der Transport ja unproblematisch geworden ist. In der Folge wandelt sich oft Ackerland in Grünland, sodass man von dem Augenschein heute nicht auf die Verhältnisse früherer Jahrhunderte schließen kann. Andere Bauern schaffen das Vieh im Zuge ihrer Rationalisierungsmaßnahmen auch ganz ab.

Die Vierlande sind oft als abseits gelegen und verkehrsmäßig schlecht erschlossen bezeichnet worden. Für die Landverbindung mit Hamburg traf das auch bei den früheren Wege- und Fahrzeugverhältnissen zu; die Entfernung zum Stadtkern beträgt zwischen 19 und 30 km. An dieser Abseitslage änderte auch die Anlage des Heerweges von der Lauenburger Landstraße nach Curslack 1570 nur wenig. Erleichtert wurde dadurch lediglich der Verkehr von Hamburg über Zollenspieker nach Lüneburg; der Weg von den Vierlanden nach Hamburg wurde jedoch nicht kürzer. Dem Fremden, der im Allgemeinen auf die Benutzung des Landweges angewiesen war, mussten die Vierlande schlechthin abgelegen erscheinen.

Zu Wasser aber war die Verkehrslage trotz nur wenig geringerer Entfernung ideal. Der Transport der beladenen Ewer stromab unter Ausnutzung des Ebbstroms ging schnell und mühelos vonstatten, und auf dem Rückweg kam der Flutstrom zur Hilfe.

Aufgrund der guten Wasserverkehrslage zu Hamburg und der daraus resultierenden, durch die allgemein günstige Konjunkturlage für Landprodukte in der zweiten Hälfte des 16. und im ersten Drittel des 17. Jahrhunderts begünstigten wirtschaftlichen Prosperität bildete sich schon im 16. Jahrhundert eine große Anzahl von Kleinbesitzern, Kätner genannt. (Erstmalig sind einige Kätner allerdings bereits in einer Urkunde von 1334 erwähnt.) Schon am Ende des 16. Jahrhunderts gibt es mehr Kätner als Hufner, in der Mitte des 17. Jahrhunderts sind es fast doppelt so viele – 145 Hufner und 259 Kätner –, und in der Mitte des 19. Jahrhunderts kommen auf 152 Hufner 797 Katenstellen (1867), eine für norddeutsche Verhältnisse außergewöhnliche Besitzstruktur, die dazu führte, dass die beiderstädtische Verwaltung sich bereits früh veranlasst sah, jede Aufteilung oder Besitzabtretung von Hufen strikt zu verbieten, um die Wirtschaftlichkeit der Höfe und damit auch die für den Deichbau wichtige, von der Betriebsgröße abhängige Pferdehaltung nicht zu gefährden. Daher entfällt heute auf die weitaus größere Anzahl der Kleinbetriebe nur etwa ein Sechstel der Bodenfläche, und diese Ländereien sind zudem vor allem jene, die den höchsten Sandanteil – in geringerem Ausmaß auch Mooranteil – aufwiesen und damit für den Getreideanbau weniger geeignet waren. Die Häuser selbst errichtete man hier auf

Martin Gensler
(1811–1881)
Bauernfamilie vor
ihrem Haus
in Curslack.
Öl auf Holz, 1831,
Altonaer Museum

warftähnlich an die Deiche angeschütteten Erhöhungen. Die heute vorherrschende Wirtschaftsgrundlage für die Vierlande bildet der Gartenbau, und der Kleinbesitz war es, der wohl schon während des 14. und 15. Jahrhunderts auf den sandigen Flächen die Grundlagen für diesen Gartenbau schuf. Gegen Ende des 16. Jahrhunderts beschäftigte er bereits einen erheblichen Bevölkerungsanteil, und zwar zunächst vor allem im Hopfenanbau für die Hamburger Brauereien. Der Übergang zum Gemüse- und Obstbau erfolgte im 17. Jahrhundert, und gegen dessen Ende nahm man auch den Blumenanbau auf.

Die Kätner mit ihrem ständig wachsenden Bevölkerungsanteil bildeten aufgrund ihrer intensiven Marktbeziehung bald das beweglichste, äußeren Einflüssen am ehesten aufgeschlossene Bevölkerungselement. Die Beschränkung des Grunderwerbs, die durch kurzfristige Pachten nur ungenügend ausgeglichen werden konnte, zwang zu intensivster Ausnutzung von Boden und Arbeitskraft. Nicht selten war daher das Einkommen von Kätner und Hufner gleich hoch, sodass sich Standesunterschiede zwischen beiden Gruppen nicht herausbildeten.

Zwischen dem letzten Drittel des 17. und dem zweiten Drittel des 18. Jahrhunderts wichen infolge der vorangehenden Agrardepression auch die ersten wenigen Hufner auf den Obst- und Feldgemüseanbau aus, doch wurde das Hufenland vom allgemeinen Übergang zum Obst-, Blumen- und Gemüseanbau erst in der zweiten Hälfte des 19. Jahrhunderts erfasst, vor allem etwa seit 1868, als durch den gewaltig ansteigenden Bedarf in Hamburg die Umstellung auf diese neue Erwerbsart zum Gebot der Stunde wurde. Schwererer Boden wurde dabei oftmals durch das Aufbringen von Sand für den Gemüsebau und die Blumenaufzucht geeigneter gemacht.

Seit etwa 1700 gewinnt die Erdbeere ihre alles überragende Bedeutung, in den vierziger Jahren des 18. Jahrhunderts tritt der Kirschenanbau hinzu, der jedoch aus nicht klar absehbaren Gründen in der Mitte des 19. Jahrhunderts zurückgeht und seitdem ganz vom Alten Land übernommen wurde. Ende des 18. Jahrhunderts wird die Himbeere eingeführt, im ersten Drittel des 19. Jahrhunderts kommen Stachelbeere, Rote und Schwarze Johannisbeere hinzu, in der Mitte des 19. Jahrhunderts führt man den Anbau von Rhabarber ein und zu Beginn des 20. Jahrhunderts den der Brombeere. Beim Gemüse sind es zu Beginn des 18. Jahrhunderts vor allem Bohnen und Erbsen, die auf den Hamburger Markt gelangen. Seit der Mitte des 18. Jahrhunderts werden, gestützt durch die Bemühungen der Hamburger „Patriotischen Gesellschaft“ auch Kartoffeln für den Verkauf angebaut, während die Tomate erst gegen Ende des 19. Jahrhunderts Bedeutung gewinnt. Dem Gartenbau ebenso zuzurechnen ist der Anbau von Maiblumen oder Maiglöckchen, die als Zierblumen im Vierländer Garten zwar schon lange bekannt waren und wie viele andere Blumen geschnitten auch schon früh in Hamburg feilgeboten wurden – mindestens seit dem ausgehenden 18. Jahrhundert –, deren Anbau in großem Maßstab für den Versand der Keime jedoch erst seit den sechziger Jahren des 19. Jahrhunderts einsetzte. Große Bedeutung hatte seit dem Ende des 18. Jahrhunderts auch der Anbau von Rosen zur Gewinnung von Rosenwasser bzw. Rosenöl aus den frischen Blütenblättern und für die Herstellung von Räuchermitteln und Duftstoffen aus den getrockneten; seit den siebziger Jahren des 19. Jahrhunderts ist der Rosenanbau jedoch erheblich zurückgegangen und schließlich noch vor der Jahrhundertwende ganz vom Maiblumenanbau verdrängt worden. (1)

Heute ist der Maiblumenanbau stark rückläufig, die Rosen hingegen werden in großen Mengen als Schnittblumen in den Glashäusern kultiviert. Der „alten“ und „englischen“ Rosen hat sich die junge Firma von Jan D. Janzen angenommen mit dessen „Vierländer Rosenhof“ das Rieck-Haus zusammenarbeitet.

Die Entstehung eines Hamburgischen Freilichtmuseums in den Vierlanden

Als die Freie und Hansestadt Hamburg im Jahre 1940 dem Bauern Rieck in Curslack das älteste Hufnerhaus der Vierlande abkaufte, war für diesen Erwerb vor allem der denkmalpflegerische Gesichtspunkt maßgebend, das fast dem Einsturz nahe Gebäude vor endgültigem Untergang zu retten. Es vielleicht einmal als Heimatmuseum einzurichten, dieser Gedanke hatte mitten während der Kriegszeit höchstens die Bedeutung eines frommen Wunsches.

Neun Jahre gingen ins Land, ehe ein auf mehrere Jahre durch das Denkmalschutzamt verteiltes Bauprogramm verwirklicht werden konnte, um in einzelnen Bauabschnitten diesem großartigen Beispiel niederdeutscher Bauernkultur seine einstige Schönheit wiederzugeben. Die Durchführung der erforderlichen Arbeiten wurde dem Bauamt Vier- und Marschlande übertragen. Die Zusammenarbeit des Leiters dieser Dienststelle, Herrn Oberbaurat Schlepper, mit dem jeweiligen Denkmalpfleger von Hamburg und dessen Mitarbeitern, Herrn Baumeister Gaedtgens, aber auch die Verbindung mit dem Bergedorfer Heimatforscher, Herrn Lehrer Uphoff, gaben die Gewähr einer bis ins Letzte fachgemäßen und handwerklich einwandfreien Wiederherstellung. Dazu kam als weiterer glücklicher Umstand die Einstellung eines geschickten und volkskundlich interessierten Einhüters in der Person von Herrn Emil Evers, der sich nach der Fertigstellung der Führungen der Besucher in origineller Weise annimmt.

Es möge jedoch von vornherein darauf hingewiesen werden, dass zu Beginn des ganzen Unternehmens keineswegs museale Absichten ausschlaggebend waren. Im Kaufvertrag von 1940 war ausdrücklich festgelegt worden, dass die landwirtschaftliche Nutzung der Stallungen, der Diele und des Dachraumes dem Bauern Rieck vorbehalten bleiben sollte. Lediglich das Flett und die Groot- und Lüttdöns sowie die in diesem Wohnteil gelegenen Kammern wurden von der Nutzung ausgenommen, um diese Räume unabhängig von persönlichen Wünschen, wie sie eine Nutzungsberechtigung mit sich gebracht hätte, gestalten zu können.

Nach behelfsmäßigen Sicherungsarbeiten in den Jahren 1947 und 1948 vollzog sich die Wiederherstellung von 1949 bis 1954.

Die wichtigsten baulichen Maßnahmen betrafen die Sicherung der Substanz. Das kräftige Eichenfachwerk mit Backsteinausmauerung und Giebelvorkragung hatte sich gesenkt; einmal weil die Schwellbalken durch Vernachlässigung des Feldsteinfundaments verfault waren, zum anderen weil beim Einbau neuer Fenster im Deichgiebel die tragenden Hauptständer zum Teil abgesägt worden waren. Daher musste nach Entfernung der Ausmauerung der Gefache das ganze Ständergerüst mit Winden (Topfschrauben) angehoben und gerade gerichtet werden. Die Auswechselung angefaulter Hölzer sowie der Ersatz fehlender Ständer war leider in sehr erheblichem Umfange notwendig, nachdem das Feldsteinfundament erneuert worden war.

Dann wurden die Ausmauerungen mit alten Handstrichsteinen im kleinen Hamburger Format und in ursprünglicher reicher Ziermusterung vorgenommen, sämtliche Fenster und Luftklappen im Flett und im Wohnteil streng rekonstruierend wiederhergestellt bzw. erneuert. Besondere Sorgfalt erforderte die Wiederherstellung des Deichgiebels mit seinen geschnitzten Konsolen, der durchgehenden Setzschwelle mit ihrer Schiffskehlung, den ebenfalls ausgekehlten Füllhölzern, dem Kniestock des Bodens mit Andreaskreuzen sowie dem auf der Riegelkette aufgenagelten Brüstungsholz mit Tauwerkschnitzerei. Diese geschnitzten Konstruktions- und Zierhölzer sowie die Inschriftbalken an der westlichen „Husdör“ und der „Grootdör“ des Wirtschaftsgiebels wurden im Orginal erhalten. Die Eindeckung des so wiederhergestellten Gebäudes mit Reet in der für Norddeutschland bodenständigen Technik sowie die Wiederanbringung des Kratzputzfeldes neben der „Husdör“, Imprägnieranstrich und Antikver-

Die vier Vierländer Kirchen: Neuengamme, Curslack, Altengamme und Kirchwerder

glasung der Fenster vervollständigen schließlich die baulichen Maßnahmen an der Gebäudesubstanz.

Im Inneren wurden die Krippen und Raufen zu den Rinder- und Pferdeställen in alter Art erneuert, die „Bettschapps" des Gesindes und die Segelplane zwischen Flett und Diele instand gesetzt, desgleichen der offene Wandherd und der Lehmschlag in der Diele. Das Kammerfach, also der Wohnteil mit zwei Stuben und zwei Kammern wurde völlig überholt. In der Grootdöns erfolgte die Freilegung der unter dickem Ölfarbenanstrich verborgenen Deckenbemalung des 18. Jahrhunderts, die vier Jahreszeiten darstellend. Die Wandbetten und das Wandschapp bez. 1776 mit reichen Intarsien wurden an Stelle einfachster Vorgänger neu eingebaut, desgleichen wurden die gesamte Wandverkachelung und die Hamburger Fayenceöfen in „Groot-" und „Lüttdöns" wiederhergestellt bzw. durch Ankäufe ergänzt.

Eine entsprechende Ausstattung mit Mobiliar und Hausrat, zum Teil durch Einzelstücke aus den Vierlanden vervollständigt, runden schließlich den Eindruck ursprünglicher und für die Vierlande charakteristischer bäuerlicher Wohnkultur ab. (2)

Die Grundrisse Vierländer Hufnerhäuser

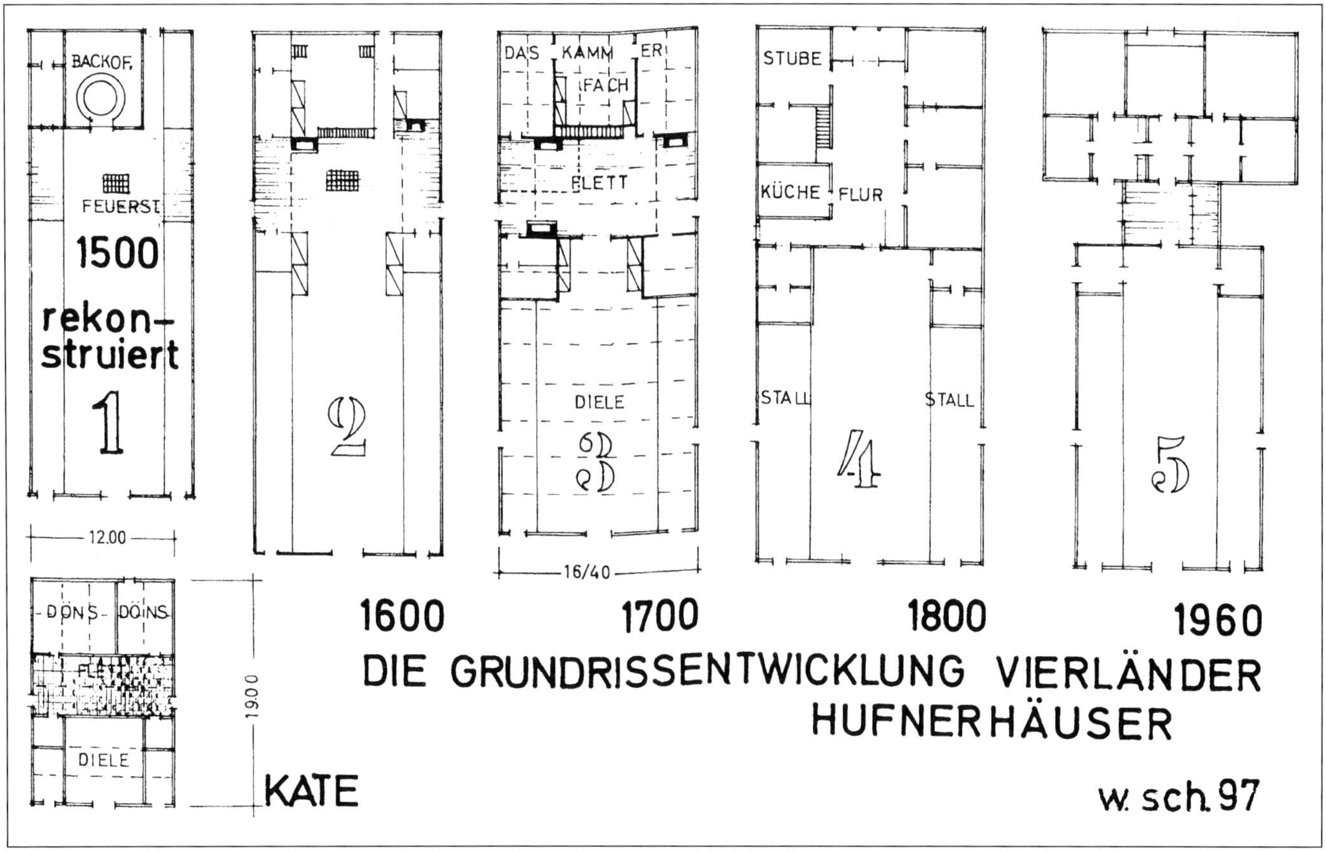

Die Grundrissentwicklung der Vierländer Hufnerhäuser wird zwischen 1 und 5 besonders deutlich, 2 hat noch keine Unterteilung zwischen Flett und Diele und noch eine offene Feuerstelle wie im Rieckhaus. Bei 3 entsteht im Stallanschluss vom Flett eine Kammerausbildung. Vor dem Flett ist das klassische Kammerfach angeordnet. Bei 4 ist der Hauseingang schon vorne, das Flett löst sich auf, eine große Küchenzelle hat sich gebildet. Bei 5 mit Queranbau sind Wohnen und Wirtschaften durch eine Verbindungsschleuse bereits streng getrennt. (7)

Vierländer Haus und Hof

Das Hauptgebäude einer Hofanlage ist das Hufnerhaus mit dem Wohnteil – dem Kammerfach – zum Deich weisend. Die große Tür zum „Barghoff“ hin (Hof zum Bergen der Ernte) war so bequem für die vom Feld kommenden Erntewagen erreichbar. Früher stand wohl auf jedem Hof ein „Haubarg“ oder „Sößrodenbarg“ (Sechsrutenberg), auf größeren Höfen auch zwei.

Wegen der Feuergefahr lag das Backhaus zumeist an der

Das Dorf Curslack: Gasthof „Deutsches Haus". Glashäuser an der Dove Elbe. An der Kirche auf dem Weg zum Rieck-Haus. Alte Gärtnerei mit Buchsbaumkanten

der Ostseite des Hufnerhauses; in der Regel war es mit Pfannen gedeckt. Die Anzahl der Scheunen hing von der Hofgröße ab, nicht selten waren es drei.

Große, schützende Hofbäume umstanden – je nach Deichlage und Himmelsrichtung – das Gehöft. Zumeist waren es Eichen und Linden, aber auch Kastanien und Eschen. Kleine Ställe und Schuppen rundeten das Bild ab. In der Nähe des Deiches stand unweit des Hufnerhauses früher ein Speicher, um das Korn sicher und luftig zu lagern, eventuell auch, um günstigere Marktpreise abzuwarten. Von diesen verbohlten und wehrturmähnlichen „Spiekern" gibt es heute nur noch drei in Vierlanden. (7)

Die Hufnerhäuser und Katen sind ganz ähnlich konzipiert, jedoch ist die Kate eine Kleinausgabe des Hufnerhauses. Zwischen diesem und der Großkate sind die Grenzen fließend. 28 Prozent aller Katen haben eine Grot Dör, auch die lässt also keine genaue Abgrenzung zu. In beiden Haustypen wurde Vieh gehalten und gedroschen, das alleine schon zog ähnliche Grundrissaufteilungen nach sich. Nach der Erstaufteilung der Ländereien soll es in Vierlanden etwa 150 Höfe gegeben haben mit jeweils etwa 40 Morgen = 38,4 Hektar Land. Kate bedeutet im älteren Niederdeutschen Hütte oder kleiner Stall und meint ein kleines Bauernhaus. 1364 wird sie für die Vierlande erstmals erwähnt. 1570 sind es schon 170 bei 171 Hufnerhäusern und 1800 gar 532. 50 Jahre später wurden 970 Häuser insgesamt gezählt – alle mit Reetdach und Fachwerk – bei 7700 Bewohnern. Die Bewohnerzahl hat sich inzwischen verdoppelt und der Gebäudebestand mehr als vervierfacht.

Das Wort Hufe bedeutete im Mittelalter eine Bemessungs-Einheit an Land und Nutzungsrechten, ausreichend für den Unterhalt einer Familie. Der Besitzer ist der Hufner oder Höfner und sein Haus das Hufnerhaus. Bei den Katen gibt es Klein- und Mehrfamilienkaten, Tagelöhner-, Händler- und Handwerkerkaten, Fährhäuser und Gastwirtschaften. Mit großem Abstand führen die der Gemüsebauern und Blumenzüchter.

Als Beleg für die stilistische Entwicklung eignet sich also das Hufnerhaus besser. Die vielen Sonderformen und Extraausführungen der Katen sind aber ein sehr schöner Beweis, dass bei der Vielseitigkeit eines Gebäudetyps der jeweilige persönliche Bedarf ihrer Nutzer sich verwirklichen ließ. (7)

Die Handwerker auf den früheren Baustellen in Vierlanden wurden von den Zimmerleuten angeführt. Der Zimmermann war baubestimmend und bauprägend. 1867 z. B. mit 50 Prozent, gefolgt vom Maurer mit 29 %, vom Tischler mit 7 %, vom Dachdecker mit 6 % sowie vom Töpfer und Glaser mit jeweils 2 %.

Alte Bauverträge verraten, dass der Zimmermann den Bau mit seinem Ständerwerk mehr im Kopf und vor dem inneren Auge hatte als auf dem Papier. Für die Größenangaben war die Anzahl der Gefache wichtig. Die Fachbreite ist der Abstand zwischen den Ständern auf der Diele bzw. der Sparren auf dem Dachboden. Die Maße schwanken zwischen 3,50 und 2,10 Meter, in der Regel sind es 2,80 Meter. Im Hufnerhaus wurden pro Fach zwei Pferde oder drei

Das Rieck-Haus vor der Restaurierung, ca. 1940

Kühe gerechnet. Für die Stuben wurden zwei Fach gerechnet und fürs Flett zwei bis drei.

Die Diele des Hufnerhauses konnte acht bis zehn Fache haben, die der Kate jedoch nur zwei bis fünf. Die Bauübergabe war im Normalfall so vereinbart, dass die neue Ernte gleich richtig unter „Dach und Fach“ kam. Gleichzeitig oder etwas später hatte dann auch der Bauer mit Familie und Gesinde wieder „ein Dach über dem Kopf“.

Nach dem Richtfest kamen sofort die anderen Handwerker mit ihren Restarbeiten. Voran die Maurer, die mit dem Ziermauerwerk und Kratzputz am Deichgiebel dem Reichtum der Knaggen und Konsolen, Profilierungen und Kehlungen, der Schnitz- und Schweifarbeiten im Können den Zimmerleuten kaum nachstanden. Das alles ging weit hinaus über Konstruktionserfordernisse und Funktionserfahrungen. Es erfreute das Auge, signalisierte Bauernstolz, schuf soziale Grenzen und Unterschiede, es kündete auch vom einstigen Vorbild Bürgerhaus in der Stadt, aber auch gleichzeitig von der Stilsicherheit und Phantasie im Übernehmen und Umsetzen der Impulse, von der Materialbeherrschung und der Freude am Umgang mit Formen und Farben der einheimischen Bauhandwerker. (7)

Das Baumaterial konnte aus der Nachbarschaft kommen, aber auch von weit her. Teilweise wurde das Holz die

Rieck-Haus heute

Elbe hinuntergeflößt, hier gewässert, gelagert und weiter verarbeitet. Für das Zuschneiden über Sägekuhlen oder auf Holzböcken waren Sägeknechte zuständig. Die Steine kamen entweder mit dem Schiff oder sie wurden mit Pferd und Wagen von den Ziegeleien geholt.

Das Richten des Hufnerhauses war eine sehr schwere und auch gefährliche Arbeit, die nur mit Hilfe aller Nachbarn bewerkstelligt werden konnte. – Nach dem Abbund und dem Zusammenfügen der Ständer und Riegel mit ihren komplizierten und wohl durchdachten Holzverbindungen auf dem Werkplatz konnte auf der vorbereiteten Baustelle das Richten beginnen. Ein Dachbalken aus Eiche, zehn Meter lang, konnte 14 Zentner wiegen, ein Sparren zehn bis zwölf Zentner.

Groß war die Freude, wenn das Ständerwerk stand, alles passte und wohlgeraten war und erstmals das Gesamtbild eines Hauses in seiner erhabenen Größe und Harmonie erkennbar wurde. Dies war Anlass genug für ein Richtfest mit den Handwerkern und Nachbarn. Diese schenkten häufig Türen oder kleine, buntbemalte Fensterscheiben mit ihren Namen, die so genannten „Fensterbierscheiben". (7)

Baugeschichte des Hufner Hauses

Bei genauerer Untersuchung des Ständerwerks und der Bauhölzer hat sich herausgestellt, dass das Rieck-Haus bei der Renovierung von 1663, dem Jahr, das die Inschriften über der Husdör und Grotdör nennen, nicht, wie früher angenommen, erst rund 100 Jahre alt war, sondern seit 1533 in vier Phasen entstand.

Aufgrund neuerer Untersuchungen am Bauholz des Rieck-Hauses mit Hilfe der Dendrochronologie (Jahrringanalyse) ergaben, dass Hölzer verbaut worden sind, deren Fällung in die Zeit um 1533, 1542, 1565 und 1663 datierbar ist. Bauhölzer gleicher Fällzeit stehen überwiegend auch in engem konstruktivem Zusammenhang. Die genaue Überprüfung der Verbände, Abmessungen, Zusammenfügungen unterschiedlich alter Hölzer, Ausmauerungen u. Ä. ergab, dass sich die Baugeschichte in vier Phasen gliedern lässt:

Um 1533 Bau eines Hufnerhauses mit einem Kammerfach bereits an der heutigen Stelle, vermutlich in Bohlenfachwerk.

Um 1542 Umbau und Erweiterung der Diele des Hufnerhauses aus heute nicht mehr erkennbarem Grund (teilweise Einsturz durch Flut, Sturm, Überlastung der Böden?).

Um 1565 Ausmauerung des Kammerfaches und damit verbundene Umbauten.

1663 Umbau des Kammerfaches und Erneuerung des Wirtschaftsgiebels.

Diese rasche Folge von Umbauten innerhalb von nur 130 Jahren weist auf eine in den Vierlanden im 16. Jahrhundert sich wandelnde Baugesinnung hin, nämlich auf den Übergang vom Bohlenfachwerk zum Backsteinfachwerk im Bereich der Wohnbauten. (12)

So ist das Rieck-Haus in seiner heutigen Erscheinung wie die Mehrzahl der niederdeutschen Bauernhäuser kein einheitlicher Bau, sondern eher ein gewachsener Organismus.

Das Niederdeutsche Hallenhaus mit seiner dreischiffigen Längsdiele wird bestimmt von zwei mächtigen Ständerreihen. Sie tragen mit ihren Kopfbändern die Rähme und diese die Dachbalken und die Sparren. Die dreieinhalb bis vier Meter hohe Diele konnte bei großen Hufnerhäusern sechs beladene Erntewagen aufnehmen. Ebenso konnten im Winter mehrere Drescher gleichzeitig ihrem schweren Tagewerk nachgehen. Diese Ansprüche setzten einen großen und hohen Raum voraus, der in seiner Größe schon als Statussymbol galt und durch den Hallencharakter der Diele und des anschließenden Querfletts für die Wissenschaft zur Namensgebung führte. Bei großen Familienfestlichkeiten wurde dieser Raum je nach Jahreszeit geschmückt.

Die Seitenschiffe waren als Pferde- und Kuhställe ausgebildet und nur etwa halb so hoch wie die Diele. Der verbleibende Raum über den Ställen mit Dachschrägung wurde als „Hillen" bezeichnet. Das hier lagernde Heu isolierte die Ställe im Winter. All diese Anforderungen erfüllte in hervorragender Weise das Niederdeutsche Hallenhaus, früher oft als Niedersachsen-Haus bezeichnet. Diese Hauslandschaft reicht von der dänischen bis an die niederländischen Grenze und von Westfalen bis an die Weichsel im Osten. (7)

Rosenblüte vorm Rieck-Haus

Hofanlage des Rieck-Hauses

Das Luftbild aus dem Jahre 1967 zeigt den gewundenen – nördlichen – Deich der Dove-Elbe im Bereich des lang gestreckten Dorfes Curslack, und zwar in dem bereits um 1 bis 2 m abgetragenen Zustand. Links liegt das Deichvorland, rechts das durch den Deich geschützte Hufenland. So wie der Riecksche Hof, das heutige Freilichtmuseum, in der Bildmitte haben die Höfe ursprünglich alle an der Deichinnenseite gelegen, hinter sich die lange streifige, durch parallele, etwa 3 m breite Gräben geteilte Flur. Den nächsten Hof sieht man am oberen Bildrand, das Stück dazwischen ist in mehrere Katenstellen aufgeteilt.

Das Freilichtmuseum besteht aus dem Hufnerhaus und einer von zwei alten Scheunen. Alle drei Gebäude wurden in situ, also an Ort und Stelle im alten Dorfverband erhalten. Die zweite, größere, aber jüngere Scheune des Hofes wurde für den auf dem Gelände verbliebenen Bauern zu einem Wohn- und Wirtschaftsgebäude umgebaut und mit dem vorgeblendeten Giebel eines anderen alten Hufnerhauses der Umgebung angepasst. (1)

Hierzu kamen weitere Translozierung (Umsetzungen) landwirtschaftlicher Anlagen hierher, meist der letzten Exemplare ihres Typs: 1953/54 die Feldentwässerungsmühle, 1953/54 der Heuberg, 1954 der Ziehbrunnen. Die jüngste Erweiterung des Ensembles ist das funktionsfähige Backhaus, 1989 auf den Fundamenten des ursprünglichen errichtet unter Verwendung zweier ruinierter anderer Backhäuser.

Grundriss

Das Rieck-Haus repräsentiert den ältesten überlieferten Typ des niederdeutschen Fachhallenhauses der Vierlande, ist bereits als so genanntes Flettdielenhaus ausgebildet. Als Flett bezeichnet man jenen die gesamte Hausbreite einnehmenden Wohn- und Küchenraum zwischen Diele und Kammerfach. Es ist hier noch nicht, wie später oft üblich, durch eine Scheerwand von der Diele getrennt. Die Diele ist der Hauptraum des Hauses. Die zu ihren Seiten stehenden großen Eichenständer tragen das Dach. Die Seitenräume zwischen den Ständern und den Außenwänden, die Kübbungen, nehmen das Vieh auf. Die „Grootdör“ liegt nicht in der Stirnwand des Hauses selbst, sondern sie ist um ein Gefach nach innen eingezogen.

Die Breite des Fletts wird durch das Abfangen der Dachlast mit Hilfe besonders kräftiger Unterzüge, der „Luchtbalken“ ermöglicht, die es gestatten, hier über drei Gefache hinweg auf die Ständer zu verzichten. Die Mitte dieses Raums nahm ursprünglich der offene Bodenherd auf Feldsteinpflasterung auf. Um ihn herum vollzog sich das häusliche Leben; die Bettverschläge für das Gesinde am Übergang vom Flett zur Diele erinnern noch daran. Wann man den Bodenherd aufgegeben hat, ist nicht nachweisbar. Es ist jedoch wahrscheinlich, dass er spätestens bei dem Umbau von 1663 durch die beiden Herde an der Wand des Kammerfachs ersetzt wurde. Von diesen Herden diente einer dem Bauern und einer dem Altenteiler. Bei dem Umbau von 1663 wurde das Kammerfach umgestaltet und der Achtergang, dessen zugemauerte Tür in der Deichseite zu sehen ist, verschwand. Diese Maßnahme mag auf den so genannten Bergedorfer Rezess von 1660 zurückgehen, in dem unter anderem verordnet wurde, dass Bauer und Altenteiler keinen getrennten Haushalt führen durften. Anlass zu dieser Verordnung mag die Tatsache gewesen sein, dass Kriegslasten – so beispielsweise im schwedisch-polnischen Krieg (1655–1660) und anschließend vom Amt Bergedorf, Hamburg und Lübeck an die Schweden zu zahlen – oft haushaltsweise erhoben oder umgelegt wurden, was bei getrennter Haushaltsführung innerhalb einer Familie zu unnötiger Schwächung des Hofes führte. Durch das Zumauern der Deichtür und die Einbeziehung des Achtergangs in die Altenteilerstube, die „Lüttdöns“, tat man der Verordnung genüge, ohne die beiden Haushalte wirklich zusammenzulegen.

Zusammenfassend lässt der Grundriss vermuten, dass auch in den Vierlanden wie in anderen Teilen Schleswig-Holsteins und Niedersachsens die Entwicklung des Hau-

Hofanlage des Rieck-Hauses. Luftbild um 1970

ses allgemein von einer zweistirnigen Halle mit durchgehender Diele und gleichartigen Ausfahrten an beiden Schmalseiten über die Stufen Achtergang und Gangkammer zum geschlossenen Kammerfach an der einen Stirnseite und damit zur einstirnigen Halle führte. (1)

Hofanlage Rieck-Haus heute

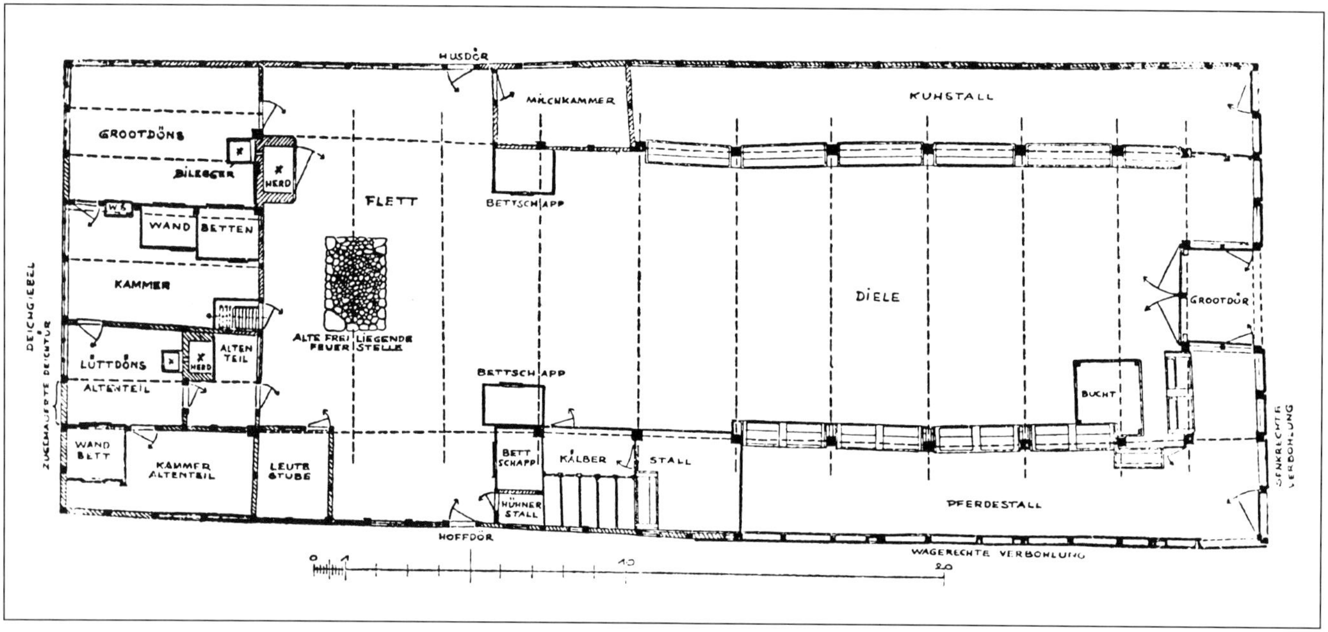

Grundriss Rieck-Haus

Giebel des Wohnteils zur Deichseite

Das Vierländer Haus gehört zum Typ des breit gelagerten, schornsteinlosen niederdeutschen Fachhallenhauses, das Wohn- und Wirtschaftsteil in sich vereint und im Volksmund allgemein als Niedersachsenhaus angesprochen wird. Wie das Altländer Haus verdankt es seine Sonderbezeichnung weniger seiner Bauform als einer bestimmten Schmucksitte. Der Wohngiebel des Hufnerhauses liegt fast stets zum Deich; Katen können diesem auch die Traufe zuwenden. Dabei ist zu beachten, dass man sich den Deich für frühere Zeiten um 1 bis 2 m höher vorzustellen hat als heute.

Die Außenwände des Hauses sind auf einem Feldsteinfundament vorwiegend in kräftigem Eichenfachwerk mit Backsteinausmauerung errichtet. Dabei blieb das Holz ungestrichen und wurde nur geölt oder mit Holzteer konserviert; die heute meist weiße Bemalung des Fachwerks in den Vierlanden kam erst im ausgehenden 18. Jahrhundert auf. Der Vordergiebel ist – deutlich unter städtischem Einfluss, angepasst allerdings an ländliche Gegebenheiten – als Schauseite mit vorkragendem Obergeschoss, reicher Schnitzerei, Zierausmauerung und zahlreichen bleiverglasten Fenstern ausgebildet. Dabei täuscht der äußere Aufbau über die innere Gliederung hinweg. Direkt über der unteren Fensterreihe ist der erste Boden eingezogen, der Raum darüber dient als Kornboden, das heißt zur Lagerung des ausgedroschenen Getreides, und reicht bis zum oberen Abschluss der dritten Fensterreihe. In dieser Höhe ist ein zweiter Boden eingezogen, der den Kornboden zum Dachraum abschließt. Die Giebelvorkragung auf den kurzen eingezapften Balkenköpfen und reich geschnitzten Konsolen erfolgt also inmitten des Obergeschosses und ist damit weniger aus einer bestimmten konstruktiven Funktion als aus dem Dekorationsbedürfnis ableitbar. Das Ständerwerk des Erdgeschosses setzt sich hinter der vorkragenden Wand des so genannten Kniestocks mit den Andreaskreuzen und der darüber liegenden Fensterreihe fort bis zum Deckenbalken des oberen Bodens, während die Sparren des Walms einem Balken aufliegen, der wie die Setzschwelle des Kniestocks ebenfalls auf Balkenköpfen ruht, die in das Ständerwerk des Kniestocks eingezapft sind und von geschnitzten Konsolen unterfangen werden. Ständerwerk des Kniestocks und durchgehendes Ständerwerk des Erdgeschosses sind unterhalb des Dachansatzes durch die Deckenbalken des zweiten Bodens miteinander verbunden.

Die bereits seit der zweiten Hälfte des 17. Jahrhunderts zugemauerte Deichtür erinnert daran, dass die ältesten überlieferten Vierländer Häuser aus der zweiten Hälfte des 16. und aus der ersten Hälfte des 17. Jahrhunderts Durchgangshäuser waren, bei denen ein Gang das Altenteil von den übrigen Räumen des Kammerfachs abteilte und somit einen Durchgang von der Diele und vom Flett zum Deichgiebel ermöglichte. (1)

Das Reetdach

Das Reetdach ist abgewalmt, die Windfedern sind mit ausgesägten Pferdeköpfen verziert. Die Windfedern haben die Strohdeckung des Firstendes vor Ausfransung und Zerfaserung durch den Wind zu schützen. Ihre Verlängerung über den Schnittpunkt hinaus gewährt eine besonders sichere Verbindung, die durch starke Holznägel hergestellt wird. Die über die Firstlinie hinausreichenden Enden boten Anreiz zur Ausschmückung, die innerhalb des ganzen niederdeutschen Raums und in einzelnen oberdeutschen Gebieten, aber auch in Polen, Litauen und Weißrussland in überraschend gleichmäßiger Ausprägung zu tierkopfähnlichen Gebilden erfolgt. In den Vierlanden sind die Pferdeköpfe im allgemeinen einander zugewandt wie auch im südlichen Teil Lauenburgs, im Ratzeburgischen, in der Winser Marsch und auf den Elbinseln. Während sie an älteren Gebäuden meist in einfacheren Formen ausgesägt sind, finden sich – offenbar unter Einfluss barocker Stilelemente – bei jüngeren Gebäuden oft derart stark verzierte und dabei umgestaltete Formen, dass sich die Merkmale eines Tierkopfes nur mit Mühe erkennen lassen. Die Kartenwerke von Frese und Pfannenstiel zeigen, dass im 16. und 17. Jahrhundert Pferdeköpfe auf fast allen Häusern und Scheunen der Vierlande angebracht waren, und zwar am vorderen und am hinteren Giebel. Während des 18. und 19. Jahrhunderts hat man sie oftmals durch senkrechte hölzerne Pfähle, so genannte Brante oder Brantspieße in Form von Wetterfahnen ersetzt.

Die Bedeutung der Firstzier ist unklar. Sie ist in erster Linie Schmuckform, und Bauern wie Handwerker – Tischler oder Stellmacher – verbinden mit ihr keine Sinnvorstellung. Den Pferdeköpfen mag eine besondere Bedeutung als Glücksbringer oder Abwehrzauber, etwa gegen Blitzschlag, die einem Pferdeschädel in einzelnen Gegenden früher anhaftete, auch einmal zugekommen sein, allein nachweisbar ist nichts dergleichen. Spekulationen, aus der Stellung der Köpfe zueinander Stammesunterschiede der bäuerlichen Bevölkerung herleiten zu wollen oder gar besitzrechtliche Hinweise in ihnen zu sehen, müssen in den Bereich der Phantasie verwiesen werden. Viel eher wirken eine werkstattgebundene Formtradition der Handwerker, die Weitergabe bestimmter Schablonen und manchmal auch die Mode. Zwischen den Windbrettern und der oberen Kante des Walmdaches befindet sich als offenes Dreieck das „Uhlenlock". Es dient dem Rauchabzug, gibt dem fast lichtlosen Boden spärliche Beleuchtung und ermöglicht den Eulen den Zugang zum Boden, damit sie dort dem Mäusefang nachgehen können, der erst in jüngerer Zeit – während des 18. Jahrhunderts – mehr und mehr in den Aufgabenbereich der Katzen übergeht. (1)

Giebel des Rieck-Hauses. Wohnteil zur Deichseite

Rieck-Haus. Giebel des Wirtschaftsteils. Heißluftkonservierung gegen holzschädigende Insekten, 1991

Reetdach-Neueindeckung des Rieck-Hauses 1983

Reet im Priel der Elbe. Zollenspieker. Foto Werner Schröder, April 1984

Das Eindecken von Weichdächern

Die Weichdächer, die seit der zweiten Hälfte des 17. Jahrhunderts völlig aus dem Stadtbild verschwunden sind, haben sich dagegen im Hamburger Landgebiet noch in verhältnismäßig großer Anzahl auf Bauernhäusern und Scheunen erhalten. Unwillkürlich drängt sich die Frage auf, wie es möglich ist, dass trotz des Angebots neuer und guter Dachdeckungs-Materialien das Weichdach über die Jahrhunderte hinweg bis in unsere Gegenwart hinein noch in so zahlreichen Beispielen erhalten werden konnte. Hierauf gibt es gleich mehrere Antworten bzw. Erklärungen. Zuerst darf darauf hingewiesen werden, dass man heute nicht mehr von einem Stroh- oder Reetdach sprechen kann, sondern nur von einem Weichdach, da gewöhnlich beide Materialien – ihren besonderen Eigenschaften entsprechend – in einem Dach verarbeitet werden. Nun hat bekanntlich das Stroh-Reet-Dach besonders für ländliche Bauten gegenüber einer harten Bedachung nicht zu leugnende Vorzüge. Es gleicht Kälte- und Wärmeunterschiede besser aus als das Hartdach, hält das Haus im Sommer kühl und im Winter warm, bewirkt eine ständige natürliche Lüftung und lässt Feuchtigkeit, Stalldunst und Rauch besser abziehen, was besonders wichtig ist für das auf dem Dachboden lagernde Getreide und Heu. Außerdem haben oftmals die Eigentümer der Weichdach-Häuser auf eigenem Grund und Boden das Dachdeckungs-Material zur Verfügung.

In früheren Zeiten verwandte man zum Decken der Dächer ausschließlich Stroh. Dabei gab man dem kernigen und festeren Roggenstroh den Vorzug vor dem weicheren Weizenstroh, besonders, wenn es auf magerem Boden gewachsen war. Aber bereits Anfang des 18. Jahrhunderts verarbeitet man beim Dachdecken auch schon mal das an den Flussufern und Bracks wachsende Schilfrohr oder Reet (phragmites), und zwar vorzugsweise das Außendeich-Reet, das sich angeblich „nach der Sonne zieht".

Pommern-Reet

Sehr gutes Reet, dünnhalmiges, festes Rohr von mindestens drei Meter Länge, bezog man früher gern aus Pommern, später dagegen vielfach von der Insel Fehmarn. Aber auch in den Hamburger Marschen wird Schilfrohr zum

Dachdecken geerntet, wenn der Naturschutz oder schlechte Qualität es nicht ausschließt. Große Mengen bezieht man aus Polen (Weichsel) und Ungarn (Donau, Plattensee). Es wird immer im Winter gemäht, wenn es trocken ist und wenn die Teiche und Gräben zugefroren sind. Leider steht geeignetes Roggenstroh aus zwei Gründen nicht mehr in genügender Menge und Qualität zur Verfügung. Bis etwa 1870 erfolgte nämlich die Entkörnung des Getreides fast ausschließlich durch Dreschflegel und Göpeldrusch, später immer häufiger durch Maschinendrusch, wodurch das Stroh gebrochen und zum Decken unbrauchbar wurde. Auch durch die Düngung der Felder mit Kunstdünger ist das darauf gewachsene Stroh zum Decken meist nicht mehr geeignet. Es ist nicht mehr so haltbar und fault schneller. Obgleich nun Reet widerstandsfähiger ist als Roggenstroh, nimmt man es, wie bereits erwähnt, nicht ausschließlich zur Eindeckung eines Daches, da es nicht so dicht liegt und auch nicht so warm hält. Aus diesen Gründen legt man oft beim Eindecken eines Wohnhauses am unteren Drittel des Daches – etwa von der Außenwand bis zur Balkenlage der Diele – unter die obere Reetschicht eine etwa 20 Zentimeter dicke Schicht von Roggenstroh. Die Traufkante selbst sollte man aber möglichst ganz aus Reet herstellen, da sich hier die meiste Feuchtigkeit ansammelte und diese zusammen mit dem Frost das weichere Stroh bald zerstören würde. Für die steileren Walme der Häuser, auf denen der Regen schneller abgeleitet wird, und wohl auch für den First nimmt man auch heute noch häufig geeignetes Roggenstroh, das in den Vier- und Marschlanden mit „Schoof" bezeichnet wird. Hier bringt der Dachdecker oftmals direkt unter dem First besenförmige Gebilde an, so genannte „Schöbels" aus Stroh, die dem Bindedraht als Schutz und dem Dach zugleich als Zierde dienen. Neuerdings erfolgt in den Vierlanden die Firstbefestigung auch wohl durch einen mit Erde und Moos durchsetzten Wulst aus Heideplaggen. Ein solcher mit Weidenzweigen und kreuzweise eingesteckten Holzpflöcken befestigter First, auch „Heidfast" genannt, kann 30 Jahre und länger den Witterungs-Einflüssen trotzen, während ein Strohfirst unter Umständen alle fünf bis zehn Jahre ausgebessert oder erneuert werden muss.

Eindecken von unten nach oben

Die Eindeckung mit Stroh oder Reet erfolgt, wie auch bei anderen Eindeckungs-Arten, immer von unten nach oben, also von der Traufe zum First. Und zwar so, dass das Stoppel-Ende der Halme zur Traufe und das dünnere Ende zum First zeigt. Nur am First selbst werden die obersten Bunde umgekehrt verlegt und dann die einander zugekehrten Stoppel-Enden mit verzinktem Eisendraht fest zusammengebunden und oben glattgeschnitten.

Zuerst wird gewöhnlich auf die Dachlattung, die am besten aus baumkantigen Latten oder gespaltenen, dünnen Fichtenstämmen bestehen soll, eine dünne Lage von langhalmigem Stroh oder Reet ausgebreitet, um ein Durchhängen der darauf folgenden kürzeren Bunde zu verhindern. Alsdann werden auf jeder Latte die Bunde in der erforderlichen Stärke verlegt und dies durch einen darübergelegten, fünf bis sechs Millimeter starken Koppeldraht, den so genannten „Drahtschächten", mittels verzinktem Eisendraht fest mit der Latte verbunden. Durch die nächstfolgende Reetlage werden dann die Drahtschächte und Halm-Enden verdeckt, sodass nach Fertigstellung der Eindeckung alle Drähte verdeckt und nur die Stoppelenden der Bunde sichtbar sind. In früheren Zeiten befestigte man die Bunde an der Lattung mit Weidenschächten. Da diese aber schnell verrotteten oder besonders, nachdem der Rauch durch Schornsteine abgeleitet wurde und damit die imprägnierende Wirkung des Rauchs wegfiel, ging man neuerdings dazu über, die Bunde mit verzinkten Drähten an der Lattung zu befestigen. Gewöhnlich deckt man die Süd- und Westseiten stärker als die Nord- und Ostseiten, weil die erstgenanten Dachseiten der Witterung mehr ausgesetzt sind und schneller verrotten. Man kann damit rechnen, dass die Süd- und Westseiten eines Weichdachs etwa alle 30 Jahre neu gedeckt werden müssen, während die Nord- und Ostseiten ungefähr eine Lebensdauer von 40 bis 50 Jahren haben. Je steiler die Dachflächen sind, desto besser ist natürlich die Haltbarkeit des Eindeckungsmaterials. Darum sollte man Dächer mit verhältnismäßig flacher Neigung wegen der langsameren Abwässerung möglichst nur mit Reet eindecken. (13)

Christel Eggers, geb. Rieck, mit ihren Eltern.
Foto: Werner Schröder, 1988

Ancke Wulff am „Pütterbuck", Kirchwerder Hausdeich.
Foto: Werner Schröder, 1988

Giebel des Wirtschaftsteils

Die Hofseite des Hauses mit der „Grootdör" in der Mitte, durch die die voll beladenen Wagen ins Innere des Gebäudes gelangen, fern gehalten von den Türpfosten durch die Radabweiser, besteht ebenfalls aus einer – hier senkrecht aufgenagelten – Bohlenverkleidung. Die Setzschwelle für den vorkragenden Kniestock liegt ähnlich wie an der Deichseite auf eingezapften Balkenköpfen mit geschnitzten Konsolen, die Füllhölzer dazwischen sind mit Tauwerkschnitzerei versehen. Anders als an der Deichseite dient hier der Kniestock nicht allein als Schmuckelement, sondern er zeigt die Geschosseinteilung des Inneren tatsächlich an. In Höhe seiner Setzschwelle spannen sich über die Diele die starken Querbalken, die den Boden für das eingefahrene Erntegut tragen. Zur Tür selbst, die nicht mit der Wand in einer Ebene liegt, sondern vertieft um ein Fach nach innen versetzt ist, gehören eine herausnehmbare Schwelle und ein ebenso herausnehmbarer Mittelpfosten, der „Dössel". Der Sturzbalken trägt die erhaben geschnittene Inschrift: „ANNO 1663 DEN ... IVLIVS HABBEN CASTEN TIMME VND CATRINA TIMMEN DIESES BVWWEN LASEN / HILF GODT ALZEIDT SIEBEN WORT AM CREVTZE SPRACH DER HER CHRIST / DAS TROST ICH MICH ZV IEDEN FRIST GODT HELFE DAS AM ENDE MEIN SEN LEST / ES AVCH MEIN LESTES SEIN GODT WOLLTE ALLER DER BEHVTER / SEIN DIE ZV DIESER TVR GEHEN AVS VND EIN / AN GOTTES SEGEN IST ALLES GELEGEN".

Zu Seiten des Sturzbalkens lassen kleine bleiverglaste Fenster auch bei verschlossener Tür spärliches Licht auf die Diele fallen. An den Ecken rechts und links führen kleinere Türen zu den Stallungen in den Kübbungen, rechts – wie man sieht – in den Kuhstall, links in den Pferdestall. Vor der „Grootdör" in der Mitte des mit Feldsteinen gepflasterten „Barghoffs" liegt der Misthaufen; die Auffahrt zum Deich, die „Stegel", ist durch ein Heck verschlossen, damit das Vieh vom Wirtschaftshof nicht auf die Straße entweichen kann. (1)

Seitliche Haustür mit Kratzputzfeld

Die „Husdör“ liegt der „Hoffdör“ gegenüber. Beide Türen werden auch gemeinsam als Seitentüren, „Blangdörn“, bezeichnet; beide sind als zweiteilige „Klöndör“ ausgebildet, deren obere Hälfte in der guten Jahreszeit bei Tag fast stets geöffnet ist, um Rauch und Küchendunst abziehen zu lassen und frische Luft hereinzubekommen. Auch lässt sich so schnell ein kurzes Gespräch mit vorbeikommenden Nachbarn abhalten. Die untere Türhälfte ist ständig geschlossen, um zu verhindern, dass das Geflügel in das Haus eindringt. In das Sturzholz der „Husdör“, die auch als „Diekdör“ bezeichnet wird, ist erhaben die Inschrift geschnitten: „ANNO 1663 DEN 10 MAIVS HAB/BEN CASTEN TIMME VND CATRINA/TIMMEN DIESES MACHEN LASSEN“.

Das Kratzputzfeld in Weiß und Rot neben der Haustür gehört mit zu den speziellen Schmucktechniken der Vierlande, wie sie vor allem im 18. Jahrhundert außen wie innen für bestimmte Flächen verwendet wurden. Die älteste erhaltene datierte Ausführung – an einem Wandherd in Curslack – stammt von 1766. Kratzfelder, in der Technik dem Sgraffitto ähnlich, wurden an besonders repräsentativer Stelle angebracht, etwa am Deichgiebel oder neben der Haustür, und von der Bevölkerung kurz als „Bunte Wand“ angesprochen. Neben freihändig eingekratzten Verzierungen benutzte man gern Ornamente, die sich mit dem Zirkelschlag herstellen ließen. Entwicklungsgeschichtlich ist die „Bunte Wand“ die letzte konsequente Weiterentwicklung des Ziegelmusters aus kleinen Handstrichsteinen, das im 17. und 18. Jahrhundert so feinteilig wurde, dass sich der Übergang zum Kratzputz aufdrängte, ließen sich komplizierte Muster auf diese Weise doch viel einfacher herstellen. Für den etwa 5 mm starken Grundputz wurde eine Schicht Kalkmörtel benutzt, und auf diese wurde, sobald sie trocken war, eine zweite, 2 bis 3 mm starke, mit Ziegelmehl rot gefärbte Putzschicht aufgetragen, aus der man noch vor dem Erhärten die Muster herauskratzte. (1)

Seitliche Haustür, Kratzputz und Inschrift von 1663. Museumswart Emil Evers. Foto: Werner Schröder, 1964

Seitliche Gartentür mit Luftklappen

Das Bild zeigt die Tür zum Garten, die „Hoffdör“ und die Fenster zum Flett mit den darunter befindlichen Luftklappen. Hier ist vor allem hinzuweisen auf die „Slagluken“, die unter den nicht zu öffnenden Bleirutenfenstern angebracht sind und wie auch an manchen anderen Häusern vorhandene Fensterläden, sogenannte „Hölt'n Fenster“, nach unten aufgeklappt werden. Den Holzwänden am Wirtschaftsteil des Hauses entsprechend, können sie als Rudimente frühester Fensterformen zu Zeiten, da für ländliche Bauten noch kein Glas verwendet wurde, angesehen werden. Flachgewölbte Traufrinnen aus Feldsteinen, die wie die Pflastersteine des „Barghoffs“ von der Geest stammen, befinden sich auf beiden Seiten des Hauses. Sie führen das vom Dach rinnende Regenwasser ab und schützen so die Schwellbalken vor stehender Feuchtigkeit, auch bilden sie einen festen Weg bei aufgeweichtem Boden. (1)

Gartenseite und Bauerngarten

Luftklappen neben der Gartentür

Brautpaar vor der Gartentür, 1999

Flett. Feuer auf dem Bodenherd, um 1970

Traufseite zum Garten

Links vom Haus liegt die Hofauffahrt, rechts der Garten, der so genannte „Krühof", dessen von „Kruut" abgeleiteter Name darauf verweist, dass er ursprünglich Kräuter und Gewürze aufgenommen hatte und sich erst seit dem beginnenden 18. Jahrhundert immer stärker zum reinen Blumengarten wandelte. Erst seit dem Ende des 18. Jahrhunderts waren die Nutzpflanzen weitgehend verdrängt. Der Grundriss entspricht wie im gesamten Niederdeutschland dem niederländischen Garten des 17. und 18. Jahrhunderts, der sich wiederum auf italienische und französische Vorbilder zurückführen lässt und in den Vierlanden über die derartig beeinflussten Gärten wohlhabender Hamburger Bürger Eingang gefunden hat. Die Beete sind mit geschorenen Buchsbaumhecken eingefasst, die Wege mit Kies bestreut. Wie der Deichgiebel war auch der Garten Gegenstand der Repräsentation und des Ausstattungswettbewerbs der Bauern untereinander. An Pflanzen findet man Rosmarin und Lavendel, Rosen, Lilien und Bauernrosen, die als für Heilzwecke nützliche und als Dauerduftspender in Truhen und Schränken brauchbare Gewächse noch dem Krautgarten entstammen. Als reine Zierpflanzen gibt es Goldlack, Rittersporn und verschiedene Nelkensorten, Levkojen und Reseda, Astern, tränendes Herz und die verschiedensten Blumenzwiebeln sowie das Maiglöckchen. Bevorzugt werden allerdings Pflanzen, die winterhart und ausdauernd sind, sich ohne menschliches Zutun erhalten und vermehren und damit die Pflege des Gartens erleichtern.

Der Wirtschaftsteil ist an dieser Seite nach außen durch eine doppelte, waagerecht aufgenagelte Bohlenverkleidung abgeschlossen, ein Relikt, das daran erinnert, dass das Haus in den Vierlanden ursprünglich ein reiner ungestrichener Holzbau gewesen ist. Vor der „Hoffdör" steht das „Puttreck" oder „Pütterbock" auf dem man nach dem Abwasch Schüsseln, Töpfe, aber auch Teller und Tassen zum Trocknen aufstellen kann. (1)

Das Flett dient auch zum Aufstellen von Schränken und Truhen

Das Innere des Hufnerhauses

Wir betreten das Haus heute von der Gartenseite durch die „Hoffdör" und gelangen auf das Flett, den Vielzweckraum zwischen dem Kammerfach (Stuben) und der Diele, dem eigentlichen Wirtschaftsteil mit den Stallungen.

Wandherd im Flett

Tisch im Flett mit moderner „romantischer" Dekoration

Aufteilung und Nutzung des Hauses

Auf der Diele und dem Flett vollzog sich der bäuerliche Alltag, auf dem Flett die Hauswirtschaft, auf der Diele der Teil der Landwirtschaft, der im Hause zu verrichten war.

Der Fußboden in der Diele besteht, ältester Tradition entsprechend, aus Lehmschlag, der Fußboden des Fletts aus besser und leichter sauber zu haltendem Kopfsteinpflaster. In den Abseiten der Diele, den kleineren Seitenschiffen, stand das Vieh so, dass es von der Diele aus gefüttert werden konnte. Zu den Außenmauern hin befanden sich die Mistgänge, die durch die Seitentüren im rückwärtigen Giebel auf den Hof führten.

Das große Tor bildet den Hauptzugang zur Diele. Es war notwendig, um die Erntewagen auf die Diele fahren und von dieser das Getreide direkt auf den Boden stapeln zu können. Zum Dreschen im Winter, wenn die Feldarbeit beendet war, musste es wieder auf die Diele hinabgeworfen werden.

Arbeiten im Haus

In der Diele wird die Balkenkonstruktion des Hauses gut sichtbar. Die Ständer sind durch Längsbalken, „Rähme“, miteinander verbunden, sie tragen die schweren Querbalken, auf denen die Dachsparren aufsitzen. Vier Ständer im Rechteck bilden ein Fach, die Gefache die Halle des „Fachhallenhauses“. Das Rieck-Haus ist ein typisches Beispiel für die Verbindung von Wohnen und Arbeiten im Bauernhaus und für das Zusammenleben von Menschen und Tieren. Seitlich der Diele standen rechts zehn bis zwölf Pferde, links sieben Kühe und sieben Jungtiere in den „Kübbungen“, den niedrigen Räumen zwischen Hauswand und Ständern, mit dem Kopf zur Diele. Der gesamte Dachraum über der Diele war Heu- und Getreideboden. Im großen Dielenraum standen die Wagen, wenn man die Fläche nicht zum Arbeiten benötigte, wie zum Dreschen im Winter. Drei Männer, der Hausherr mit Söhnen und Knechten, erledigten die schwere Drescharbeit, das erste Drittel ab 3 Uhr nachts bis zum Frühstück um 7 Uhr. Jeder Mann hatte ein Fach als Arbeitsbereich, man stand sich einander gegenüber und drosch im (Drei)Takt. (3)

Offener Bodenherd im Flett

Der offene Bodenherd, ein mit Feldsteinen gepflastertes Rechteck im Lehmboden des Fletts, ist der älteste Herd des Hauses. Er besitzt keinen besonderen Rauchabzug; der Rauch verteilt sich in Flett und Diele und zieht über den Bodenraum durch das Dach und insbesondere durch die dreieckigen Firstöffnungen unter den Windbrettern – die Eulenlöcher – ins Freie. Will er gar nicht weichen, kann man durch das Öffnen der „Slagluken“ für Durchzug sorgen. Doch beißt der Rauch nicht allein in den Augen und gibt Veranlassung zu Augenleiden, er ist auch nützlich, indem sich Fleischwaren aller Art, die unter der Balkendecke an den Wiemen – runden Holzstangen – hängen, in ihm räuchern lassen. Dabei ist zu bedenken, dass der Rauch zunächst nur die Fliegen zu vertreiben hat; die Konservierung der Fleischwaren erfolgt vor allem durch das Austrocknen an der Luft, und um dieses zu fördern, bedient man sich ebenfalls der „Slagluken“. Der hohe Teer- bzw. Kreosolgehalt des Rauchs schützt auch das Balkenwerk vor Wurmfraß und lässt das Holz so hart werden, dass man kaum einen Nagel hineinzuschlagen vermag. Andererseits bilden sich an Balken und Bodenbrettern in unmittelbarer Herdnähe Teerrückstände, die an feuchten warmen Sommertagen heruntertropfen und die Kleidung der unten hantierenden Menschen aufs übelste beschmutzen, sodass man gezwungen ist, Balken und Bretter in bestimmten Abständen abzukratzen.

Aus Gründen der Bequemlichkeit trachtete man schließlich, den Bodenherd anzuheben. Hochgemauert aber ist er an dieser Stelle ein Hindernis im Flett, sodass man dem Herd die Wand am Kammerfach zuwies. Links führt die offene Tür zum Altenteil, und dessen Herd befindet sich in einem kleinen Vorraum rechts der Tür, aus dem der Rauch über dessen Fenster abzieht in das Flett.

Der Wandherd hat allerdings den Bodenherd nicht vollständig verdrängt; deshalb ist im Rieck-Haus auch der Feldsteinbelag an seiner Stelle erhalten geblieben. Finder berichtet, dass der Bodenherd neben dem Wandherd noch zu Beginn unseres Jahrhunderts zeitweilig benutzt wurde, so beim Schweineschlachten, um das Brühwasser zu erhitzen. In der Mitte des 19. Jahrhunderts kochte man hier in manchen Häusern im Herbst und Winter in einem großen, von der Decke herabhängenden Grapen Kartoffeln für die Schweine und schmolz sonnabends Talg und Tran zum Einfetten der Stiefel. In Kirchwerder röstete man in einigen Katen an dieser Stelle auch Fische auf einem eisernen Rost über Holzkohlen für den Verkauf auf den Messen in Leipzig und Braunschweig. (1)

Offener Wandherd mit Holztür

Der Wandherd wurde zunächst nur von einer Herdbank gebildet, und von dieser wurde die Bezeichnung „Diggen" oder „Ding'n" übernommen.

Das Feuer brannte direkt auf der gemauerten Herdoberfläche. Die Herdgeräte hingen an Kesselhaken oder standen auf Untersetzern unmittelbar über dem Feuer. Gegen Ende des 18. Jahrhunderts wurde den Landesbehörden aber jegliche Art von ungeschütztem Feuer suspekt, sodass in den dänischen Gebieten des benachbarten Holstein 1784 die Verordnung erging, Herde grundsätzlich mit nicht brennenden Rück- und Seitenwänden sowie mit einer Überdeckung zu versehen. Spätestens nach diesem Zeitpunkt hat man allgemein mit derartigen lehmgemauerten, in den Vierlanden meist rot gestrichenen Schwibbogenherden zu rechnen, doch kommen sie auch bereits ein Jahrhundert früher vor, wie aus einer Feuerordnung von 1688 hervorgeht, in der verlangt wird, dass der „Diggen" eine Tür besitzen solle, mit der man nachts den Herd verschließen kann, um die unter der Asche, geschützt auch durch eine Glutstulpe, glimmende Glut vor Wärme suchenden Katzen oder Windstößen zu bewahren. Auch bei dem Wandherd gibt es keinen Schornstein (er kann natürlich in anderen Häusern später eingebaut worden sein): der Rauch zog auch hier frei ab, bei geschlossener Tür durch die in oft komplizierten Mustern ausgesägten Öffnungen. Vom Herd beheizt wird der Beilegeofen in der dahinter liegenden Stube. Die Vorderfront der Herdbank ist mit grünen und gelben Fliesen verziert. In die Seitenwände des Herds ist der eiserne „Diggenbaum" herausnehmbar eingesetzt; an ihm hängen an der Grapenkette die Töpfe. In den Öffnungen der Holztür hängt Küchengerät. (1)

Ohne Schornstein

Die niederdeutschen Hallenhäuser mit Flett besaßen in ihrem ursprünglichen Bauzustand keinen Schornstein. Der Rauch vom Herdfeuer zog in die Diele, zum Teil durch den Erntedachboden und entwich durch die reet- oder strohgedeckte Dachfläche sowie die Öffnungen in Dach und Giebel. Auf seinem Weg räucherte er Würste und Schinken. Bereits im 19. Jahrhundert warnten Ärzte vor der gesundheitsschädigenden Wirkung des offenen Herdfeuers und rieten zum geschlossenen Herd. Dass sich diese Herdform in der Stadt und in der 2. Hälfte des 19. Jahrhunderts auch auf dem Land durchsetzte, war aber weniger auf gesundheitliche Bedenken als auf den Mangel an Brennmaterial zurückzuführen. Der geschlossene Herd, auch Sparherd genannt, verbrauchte weniger Brennmaterial, weil die gesamte Hitze des im Herdinneren brennenden Feuers den Kochtöpfen zugute kam. Die Töpfe standen in runden Kochöffnungen, deren Durchmesser durch einsetzbare Ringe verstellbar war. Da die Töpfe lückenlos mit der eisernen Herdplatte abschlossen, war es nicht mehr möglich, dass die Flammen wie beim offenen Herdfeuer zum Teil ungenutzt an dem Topf vorbeischlugen. Häufig wurde der offene, aufgemauerte Herd teilweise oder gänzlich herausgebrochen und an seine Stelle der geschlossene Herd unter den Schwibbogen gestellt.

Der Sparherd hatte zwar seine Funktion als Lichtquelle verloren, der Qualm seines Feuers entwich aber anfangs nach wie vor in die Diele. Das Ende der Rauchhäuser kam erst, als sich in der 2. Hälfte des 19. Jahrhunderts immer mehr Familien dazu entschlossen, einen Schornstein einzubauen und das Flett durch eine Zwischenmauer von der Diele abzutrennen. Man verzichtete dabei auf eine vielfältige Nutzung des Herdfeuers zugunsten der Wohnqualität und nahm auch die vom Schornstein ausgehende Feuergefahr in Kauf. (8)

Neue Probleme machten nun Holzschädlinge (Holzbock und Anobium), die der Rauch bisher ebenso fern gehalten hatte wie den Schimmel vom eingelagertem Getreide.

Brennmaterial

Ausreichend Brennmaterial für Herd und Ofen zu besitzen, war vor hundert bis zweihundert Jahren keine Selbstverständlichkeit. Besonders in den Marschen und auf den Inseln der Westküste war die Beschaffung von Brennmaterial kostspielig und mühsam, denn diese Gebiete verfügen nur über geringe oder gar keine Ressourcen an Holz und Torf. Nur die Wohlhabenderen unter den Marsch- und Inselbewohnern importierten vor allem Torf von der Geest. Die Ärmeren heizten und kochten mit Rinder- oder Schafsmist, der zu diesem Zweck getrocknet wurde. In Vierlanden brauchte man den Mist dringend für die Düngung.

Die großen, landreichen Höfe Vierlandens konnten sich freilich erlauben, neben den Korbweiden auch Buschholz, etwa Erlen, die in der Nässe gut gediehen, anzupflanzen, die neben Stangen und Stielen für Acker- und Gartengerät auch Feuerholz lieferten.

Offener Herd des Altenteilers

Ähnlich wie der „Diggen" des Bauern ist der des Altenteilers, hier allerdings ohne Tür; sie erübrigt sich, da der Herd ja in einer verschließbaren Kammer steht. Der „Bilegger" in der dahinter liegenden Stube wird vom Herd aus beschickt. Auch hier finden sich „Diggenbaum" und Grapenkette. Links in der Wand ist eine Höhlung für Fidibusse gemauert; vor dem Herd liegt Torf, das Hauptbrennmaterial. (1)

Herd- und Kochgeräte

In der Nähe des Herdes befanden sich neben den Kochgeräten auch die Hilfsmittel zum Entzünden und zur Kontrolle des Feuers. Da das Entfachen von Feuer vor Erfindung der Zündhölzer mühsam war, achteten Hausfrau und Magd darauf, dass das Herdfeuer niemals gänzlich erlosch. Über Nacht wurde die Glut auf dem offenen Herd mit einer Feuerstülpe abgedeckt. Bei der allgegenwärtigen Brandgefahr war es notwendig, Kinder und vor allem Haustiere daran zu hindern, mit dem Feuer in Berührung zu kommen. Sofern sich das Feuer am nächsten Morgen nicht mehr mit dem Blasebalg entfachen ließ, musste es erneut mit Hilfe von Feuerstahl und Feuerstein entzündet werden. Der Stahl wurde so lange an den Feuerstein geschlagen, bis Funken flogen, die man mit Zunderschwamm, einem schwammartigen Auswuchs an Bäumen, auffing. Am glimmenden Zunder wurde ein an den Enden mit Schwefel überzogener dünner Holzstab entzündet, mit dem man dann gehacktes Buschholz entflammte.

Das Kochen, besonders am offenen Herd, war mühsam. Im wohlhabenden ländlichen Haushalt musste eine vielköpfige Familie, zu der auch Gesinde und Verwandte gehörten, versorgt werden. Die Kochgeräte aus Eisen und Bronze waren daher im Bauernhaushalt groß und schwer, so z. B. der Grapen, in dem Suppen und Gemüse gekocht wurde. Der Grapen hing am „Sägehal" (sägeförmiger verstellbarer Haken) über dem Feuer, verfügte aber auch über drei Füße zum Hinstellen auf den Herd. Der Grapen war meist von bauchig gedrungener Form und besaß keinen Deckel. Diese Form war aus dem irdenen Grapen entwickelt, der ebenfalls als dreibeiniger umfangreicher oder als kleiner, dann mit einem Stiel versehener Topf verwendet wurde. Irdene Töpfe stellte man meist „an" das Feuer. Wollten Hausfrau und Magd in einen Grapen schauen, der über dem Feuer hing, so mussten sie mit dem Grützhaken hinter den Bügel des Topfes greifen und den Grapen zu sich heranziehen. Zwar war die Hängehöhe des Grapens mit Hilfe des Sägehals verstellbar, doch konnte es auch der geübten Köchin passieren, dass die Flammen in einen Topf schlugen, in dem zuvor Butter zerlassen war, die sich dann entzündete. Einer solchen Gefahr war die Hausfrau am geschlossenen Herd nicht mehr ausgesetzt. Die Kochgeräte, die speziell für den geschlossenen Herd angefertigt wurden, verfügten über seitlich angebrachte Manschetten bzw. Ringe, auf denen der Topf im Kochloch stand. Die Flammen wurden somit gänzlich von der Herdplatte verdeckt. (8)

Die Mittelkammer zwischen Grootdöns und Lüttdöns dient Wirtschaftszwecken

Steertpott, 19. Jhd. Altonaer Museum

Essen und Trinken

Am Herd kochte die Hausfrau mit Unterstützung der Töchter und Mägde das Essen für die große Hausgemeinschaft von bis zu 15 Personen. Alltagsessen war einfach, es gab oft Siedewurst mit Schwarzbrot, ein warmer Brei aus Hafergrütze, Speck, Äpfeln, Salz und Mehl; Buchweizenklöße mit Speck oder Schwarzsauer. Beliebt war Sauermilch mit eingebrocktem Schwarzbrot. Bei Festen, besonders Hochzeiten, wurde umso üppiger aufgetragen, um zu zeigen, was das Haus vermochte. (3)

Grundlage für die täglichen bäuerlichen Speisen und Getränke waren die Eigenprodukte. So hatte die Bäuerin nur die Grundnahrungsmittel zur Verfügung, die auf dem eigenen Hof erwirtschaftet wurden und nicht in den Verkauf gingen. Sie mussten so verwendet werden, wie sie anfielen, denn die Konservierungs- und Aufbewahrungsmöglichkeiten waren begrenzt. „Buuern- und Huusmankost ist einfach: Speck, Klöße, Grütze und Kartoffeln" hieß es.

Milch und Milchprodukte waren in vielfältiger Form Bestandteil fast aller Mahlzeiten. Als Nebenprodukt der Butter fiel Buttermilch in besonders großem Maße an und musste täglich verbraucht werden. Die erste Morgenmahlzeit, „Morgensupp", war in Schleswig-Holstein Löffelkost. Sie bestand überwiegend aus einer Gersten- oder Buchweizengrütze mit Buttermilch gekocht.

Ein weiterer Hauptbestandteil der Ernährung war Buchweizen. Buchweizenklöße oder Buchweizenpfannkuchen gehörten täglich zu einer der Hauptmahlzeiten.

Abwechslung auf dem Küchenzettel brachte das Schlachtfest. Viele Erzeugnisse des Schlachttages ließen sich nicht zu Dauerware verarbeiten, deswegen gab es um den Schlachttag herum anderes und reichlich zu essen. Üppiger aß man auch an hohen Feiertagen mit teurer „gekaufter" Ware, wie Gewürzen, Reis und Rosinen. Die Kochgeräte lassen erkennen, dass das Hantieren damit schwere körperliche Arbeit war und mit diesen, oft in uralter Tradition stehenden Geräten anders als heute gekocht wurde. Der Kesselhaken, an welchem der Grapen, der Kochtopf, hing, war verstellbar. Auf diese Weise konnte die Kochtemperatur geregelt werden. Um den heißen Topf vom Feuer zu nehmen, benutzte man die so genannte kalte Hand, einen eisernen Haken. Neben dem Wasser-(Tee-)Kessel gehörte auch die Pfanne zu dem täglichen Kochgeschirr. Sie wurde auf drei- oder vierbeinigen Rosten ins Feuer gestellt. Daneben gab es in den Bauernhäusern Kochgeräte, die ursprünglich in bürgerlichen Küchen entwickelt worden waren, wie „Bradentrumm" und „Bradenspann", in denen zu besonderen Anlässen an Sonn- und Feiertagen Braten und Soßen zubereitet wurden. Auch das fast überall vorhandene Waffeleisen und die Förtchenpfanne wurden nicht täglich benutzt. In die Nähe des Herdes gehörte der Behälter für das lebenswichtige Salz. (4)

Flett: Balkenwaage, Truhen, Schränke

Im Flett hängt die eiserne Balkenwaage, die bei einer so auf den Handel mit Obst und Gemüse eingestellten Wirtschaft nicht fehlen durfte. Links außen liegt die Leutestube; die Tür rechts daneben führt zum Altenteil. Der Fußbodenbelag besteht aus gestampftem Lehmschlag. Feldsteine müssen aus der nördlichen Geest oder aus der Heide südlich der Winser Marsch geholt werden. Kalk- oder Sandsteinplatten werden im Flett mancher Häuser erst bei wachsendem Wohlstand im 18. Jahrhundert ausgelegt. Das Flett diente weiter zum Aufbewahren der großen Dielenschränke und der Truhen, wobei allerdings hier im Allgemeinen nur die Truhen des Gesindes beziehungsweise für das Gesinde standen, während die Truhen des Bauern und der Bäuerin ihren Platz in der Stube hatten. Auch brachte die Bäuerin in mancher der hier stehenden älteren Truhen Lebensmittelvorräte unter. (1)

Balkenwaage auf dem Flett

Vierländer Stollentruhe von 1721

Während man in den Schränken meist Sachen des täglichen Bedarfs und der ganzen Familie verwahrte, waren die Truhen im allgemeinen Behälter des persönlichen Gutes. Die Truhe war nicht allein fester Bestand der Aussteuer für Mann und Frau. Sie barg auch deren vornehmsten Teil an Schmuck, Kleidung und Leinenzeug. Daher sind die Truhen auch meist beschriftet und zwar nur mit einem Namen, der bei Frauen der Mädchenname ist, nicht mit den Namen des Ehepaares, wie es etwa bei Zimmertüren oder Wandtäfelungen der Fall ist. Wurde eine Truhe vererbt, so konnte die Schriftintarsie auch ausgewechselt und somit das Möbel dem neuen Besitzer zugeordnet werden, wollte man für sein persönlichstes Gut nicht eine neue, dem eigenen Geschmack und somit in gewissem Umfang auch der herrschenden Mode entsprechende Truhe anfertigen lassen.

Vierländer Truhen kommen im Wesentlichen in zwei Typen vor. Die so genannte Kiste hat die überlieferte Form der hochbeinigen gotischen Stollentruhe bis in das 19. Jahrhundert bewahrt. Die Eichentruhe aus dem Rieck-Haus trägt die Inschrift „BEKE GRIMEN ANNO 1721“. Unten auf der breiten Vorderfläche und auf den Brettfüßen ist sie mit flach geschnitztem Schuppenornament versehen und darüber mit zwei sechsstrahligen Sternintarsien geschmückt. Die Beine sind ursprünglich noch länger gewesen, sie konnten bei diesem Truhentyp leicht verkürzt werden, wenn sie bei der üblichen Bodenfeuchtigkeit angefault waren; im Allgemeinen haben derartige Truhen ihre Beine nur dann in ganzer Länge bewahrt, wenn sie stets auf dem Dachboden untergebracht waren. (1)

Vierländerin, gestelltes Foto von Anton Bruhn, 1909

Vierländer Kastentruhe von 1755

Der zweite Truhentyp ist der der niedrigeren Kastentruhe, die in den Vierlanden als Lade bezeichnet wird. Es ist die Truhenform der Renaissance. In den Vierlanden kommt sie zunächst mit Kufen ausgestattet vor, seit dem beginnenden 18. Jahrhundert meist mit Kugel-, beziehungsweise Balusterfüßen. Die hier gezeigte Eichentruhe mit Kufen trägt die Inschrift „ANCKE KAHLN ANNO 1755“. Ihr Schmuck sind ausgesägte und intarsierte Rahmenleisten, kassettierte Füllungen mit Sternintarsien und Strahlenintarsien in den Ecken. Derartige Truhen wurden bald von den Frauen bevorzugt und in der Folgezeit gern kurz als Frauentruhen bezeichnet, obwohl diese Bezeichnung darüber hinwegtäuscht, dass im 19. Jahrhundert noch immer 34 v. H. der erhaltenen Laden Männernamen tragen.

Allerdings ist seit etwa 1774 keine Stollentruhe mit Frauennamen mehr bekannt, und der Anteil der Stollentruhen, der noch in der ersten Hälfte des 18. Jahrhunderts überwiegt, sinkt in der zweiten auf 20, im 19. Jahrhundert auf 15 v. H. aller Truhen. (1)

Intarsienschrank von 1776

Von den beiden Dielenschränken im Rieck-Haus stammt der eine wahrscheinlich nicht aus den Vierlanden, sondern aus der Winser Marsch. Abzuleiten von der Vierländer Intarsienkunst kannte man dort ebenfalls intarsierte Möbel, unterhielt andererseits aber auch rege Handelsbeziehungen mit den Vierlanden in beiden Richtungen, auch wenn der Vierländer von den „Überelbischen“ gern mit Geringschätzung sprach. Es ist ein viertüriger, über einem Eichenholzkern vorn und an den Seiten mit Nussbaum furnierter, mit Intarsien aus verschiedenen hellen und dunklen Hölzern versehener Schrank auf Balusterfüßen mit der Jahresangabe 1776. Typisch ist, dass die Türen geschossweise unterschiedlich eingerichtet sind; während unten der Schrank in ganzer Breite zu öffnen ist, ist der mittlere Steg des Obergeschosses fest eingebaut. Die Schublade unten ist nur blind angebracht, sie ist also nicht zu öffnen; ihr Raum gehört zum unteren Kleiderfach. Wie der andere Schrank steht auch dieser im Flett an der Seite zur Diele, geschützt gegen Feuchtigkeit durch den mit gelben und grünen Fliesen belegten Steinsockel. (1)

Milchkammer und Webstuhl

Vom Flett aus zugänglich befindet sich neben der Eingangstür die kleine ehemalige Milchkammer, wo auch Butter und Käse zubereitet wurden. Im Rahmen der Aktivierung des Rieck-Hauses mit Hilfe ehrenamtlicher Mitarbeiter wird hier ein Webstuhl in Betrieb zu sehen sein. Die Sammlung besitzt alle nötigen Geräte für die Verarbeitung der Faser. Ein Arbeitskreis wird sich um die Nutzung und Vorführung kümmern.

Groot Döns, die heizbare Wohnstube der Bauernfamilie

Die „Stuben“, das Kammerfach

Das Kammerfach besteht aus einer großen Wohn- und Schlafstube, „Grootdöns“, für den Hausherrn und die Familie und einer kleineren „Lüttdöns“ für die Großeltern, die Altenteiler. Daneben befindet sich jeweils eine Vorratskammer, in die auch die „Butzen“, die tiefen Wandbetten, hineinragen. In ihnen schlief die gesamte Familie, Eltern und fünf bis sechs Kinder. Die Dönsen waren zu heizen, ein „Bilegger“, ein Beilegeofen Hamburger Herkunft, der vom Herd im Flett beschickt wurde, schaffte gemütliche, rauchfreie Atmosphäre. Hier entfaltete sich in Ausstattung und Einrichtung Vierländer Wohnkultur als Folge wirtschaftlichen Wohlstands.

Niederländische Fliesen bekleiden die Wände. Sie konnten nach Hochwasser leicht wieder gereinigt werden. Der Fußboden besteht aus Holzdielen. Im Mobiliar zeigt sich Sinn für Gediengenheit und Dekoration, es ist stets mit Intarsien verziert, einfach und solide in der Form, dauerhaft im Material.

Einer der Hauptanlässe, den Wohnbereich vom Wirtschaftsteil zu isolieren, war neben der besseren Heizbarkeit der kleinen Wohnräume die Rauchentwicklung des offenen Herdfeuers im Flett. (3)

Eine Stube wie die Vierländer Döns ist stets ein gewachsener Raum. Generationen haben das Ihre getan, um ihn immer neuen Wünschen und Erfordernissen, aber auch der herrschenden Mode und dem eigenen Besitzerstolz anzupassen. Rechts neben dem Ofen stellt ein auf Holz gemaltes Ölgemälde der zweiten Hälfte des 17. Jahrhunderts die Opferung Isaaks dar. Es ist ungewöhnlich für ein Vierländer Bauernhaus; vielleicht stammt es aus einer Kirche. Das Schränkchen darüber ist bezeichnet „ANNO 1776 IOCHIM SCHAVMAN ILSABE SCHAVMANS“. Die Decke ist mit der Darstellung der vier Jahreszeiten bemalt. Die Inschrift am Deckenbalken weist auf eine Renovierung der Stube 1787 durch Tönnies und Gertrud Wulff hin. Bei dieser Gelegenheit mögen auch die Fliesen angebracht worden sein. Der Beilegeofen trägt die Inschrift „Hein Behnken. Metta Behnken. Anno 1865.“ Die Kastenbank des 18. Jahrhunderts mit den reich in Herzformen ausgeschnittenen Wangen an beiden Stirnseiten vor den Wandbetten dient zur Aufnahme von Bett- und Leinenzeug, ist aber vor allem erforderlich, um den Zugang zu den Betten zu ermöglichen. In kinderreichen Familien konnten auch bis zu drei Kinder in der aufgeklappten Bettbank untergebracht werden. Auf dem Bord über den Schiebetüren zieren Kellinghusener und Marburger Teller, die man auf den Märkten erwerben konnte, das Zimmer und demonstrieren die Wohlhabenheit des Bauern, und auf dem Bord seitlich des rechten Balkens konnte man Papiere und einige der wenigen Bücher, die es im bäuerlichen Haushalt gab, ablegen, aber auch Milch in Tellern zum Dickwerden abstellen.

Die Tür, der Beilegeofen aus Fayencekacheln Hamburger Provenienz und das kleine „Kiekfenster“ links neben der Tür zeigen an, dass hinter jener Wand das Flett liegt. Durch das „Kiekfenster“ kann das Gesinde bei der Arbeit beaufsichtigt und eintretender Besuch auf dem Flett rechtzeitig bemerkt werden. Die Wände sind mit niederländischen Fliesen belegt. Der Fußboden ist ein einfacher Dielenboden, das Mobiliar ist nicht zu reichlich, jedoch ist jedes Stück gediegen und stets mit Intarsien versehen. Auch das Gehäuse der Standuhr ist eine Vierländer Tischlerarbeit, datiert 1773. Das zugehörige Werk dagegen stammt wie bei den meisten Vierländer Uhren aus den Niederlanden. Das Zifferblatt, das mit einer holländischen Kanallandschaft bemalt ist, trägt die Jahreszahl 1770, die offenbar nach einem Erbgang von einem neuen Besitzer mit der Jahreszahl 1813 übermalt worden ist. Auf das Weidengeflecht der Stühle gehören bunte Flicken- oder Plüschkissen.

Groot Döns mit der Hühnerbank zur Aufzucht der „Vierländer Stubenküken"

Ofen

In Norddeutschland setzte sich der praktische Beilegeofen durch, der seinen Platz an derjenigen Stubenwand hatte, die an das Flett angrenzte. Das Nachlegen des Brennmaterials, das „Bileggen“, wie es in Norddeutschland hieß, geschah nicht in der Stube, sondern vom Flett oder der Küche aus durch eine Klappe unmittelbar über dem offenen Herd. Dieser Ofen wurde somit „von hinten“ versorgt, daher auch die Bezeichnung Hinterlader. Der Rauch des Ofens entwich aus einer Öffnung unter dem Schwibbogen, also ebenfalls vom Herd aus in die Diele.

Weit verbreitet war der gusseiserne Bilegger, zusammengesetzt aus sechs Eisenplatten, von denen die seitlichen mit oft biblischen Szenen verziert waren. Er verfügte weder über einen Rost noch über einen Aschenfang. Holz oder Torf brannte auf dem Boden des Ofens. Die gusseisernen Bilegger hatten den Nachteil, relativ schnell zu erkalten. Die in Norddeutschland erst seit der Mitte des 18. Jahrhunderts gebräuchlichen Bilegger-Kachelöfen aus Fayence hielten die Wärme länger und brauchten weniger Holz. (8)

Hühnerbank in der Fensterecke

Die Gegenseite der Wand zum Flett ist die Fensterseite zum Deich; auch sie ist mit Fliesen bekleidet. Unter der Fensterreihe steht eine so genannte Hühnerbank. Während man direkt unter der Sitzfläche allerlei Zeug aufbewahren kann, diente der Kasten dazu, bereits im Februar/März Küken aufzuziehen, indem man Hühner mit Stint fütterte, einen zur Familie der Lachse gehörenden Fisch, der früher zu dieser Zeit die Elbe zum Laichen hinaufzog. Die Hühner begannen darauf zu glucken und zu brüten, obwohl es draußen noch kalt war und sie gewöhnlich noch gar nicht daran dachten. Die Küken, oft bis zu 100 Stück, wurden in weidengeflochtenen Bauern – ebenfalls in einer der Stuben – mit gekochtem Fleisch und Schrot gemästet und konnten als „Vierländer Stubenküken“ auf dem Hamburger Markt verkauft werden, wenn aus anderen Landschaften noch keinerlei entsprechendes Federvieh zu erwarten war – eine mühsame und nicht sonderlich hygienische, aber einträgliche Methode, die sich allerdings im Zeitalter von Brutmaschinen, Hybridenaufzucht und Hähnchenmast zu Tausenden, bei Infrarotlicht und völlig unabhängig von der Jahreszeit, überlebt hat. (1)

Dennoch sind „Vierländer Stubenküken“ auf mancher besseren heutigen Speisekarte zu finden. Mit Vierlanden verbindet sie allerdings nur der Name und das Versprechen einer „besonderen“ Qualität.

Alkoven

Die Wand zur Kammer hat die Schiebetüren zu den zwei Wandbetten, in den Vierlanden „Kutzbetten“, „Bettschapps“ oder auch „Butzen“ genannt, aufgenommen, deren Kästen in die Kammer selbst hineinragen. Diese können zwei bis drei erwachsene Personen hintereinander liegend aufnehmen oder fünf bis sechs Kinder. Die Türen sind mit reicher Intarsienarbeit verziert. Aus dem Bett des Bauern, dessen Schiebetür auf dem Bild geöffnet ist, stellt ein zweites „Kiekfenster“ die Kontrolle über den Wirtschaftsteil des Hauses sicher.

Die Schiebetüren der Wandbetten, Ende des 18. Jahrhunderts entstanden, bestehen im Grundmaterial aus Eichenholz, gearbeitet auf Rahmen und Füllung. Die Intarsien sind aus hellem Ahorn- und verschiedenartigem Obstholz hergestellt. Die einzelnen Motive sind paarweise jeweils positiv und negativ aus hellem und dunklerem Holz gesägt und dann gegeneinander ausgetauscht. (1)

Vierländer Stuhl mit Intarsien

Stühle wurden im Allgemeinen aus Eschenholz hergestellt, die Rückenbretter jedoch oft aus Mahagoniholz. Nie fehlen die Intarsien, meistens Blumen in Vasen, aus verschiedenen helleren Hölzern und die Namensinschrift mit der Datierung. Die Blumen an dieser Stelle zeugen dafür, dass die Vierländer mit Blumen nicht allein aus geschäftlichen Gründen, sondern auch durch einen lebhaften Sinn für deren Schönheit verbunden waren. Das Geflecht des Sitzes bestand ursprünglich aus gespaltenen, geschälten oder ungeschälten Weidenruten, die oft auch zusammen zu einfachen, zweifarbigen Mustern verflochten wurden. Seit der Mitte des 19. Jahrhunderts wurde mehr und mehr spanisches Rohr verwandt, das man auch bei der Neubespannung alter Stühle benutzte, sodass heute kaum noch Sitze aus Weidengeflecht erhalten sind. (1) Das oberhalb der Vierlanden gelegene Städtchen Bergedorf war um die Jahrhundertwende in Norddeutschland das Zentrum für Import und Verbreitung des „Stuhlrohrs". Von der „Stuhlrohrfabrik" sind dort in der „Stuhlrohrstraße" noch Produktionsgebäude erhalten.

Intarsien

Die Intarsie spielt in der Vierländer Möbelkunst eine außerordentlich bedeutende Rolle. Sie hat in der volkskundlichen Forschung die Vierländer Volkskunst über die Grenzen Deutschlands hinaus zu einem Begriff werden lassen. Die Anfänge der Intarsienkunst im Tischlerhandwerk der Vierlande dürften bis in die Zeit um 1600 zurückgehen. Es ist das die Zeit, in der in den Vierlanden die bäuerliche Wohnkultur ihre erste Blütezeit erlebte und ein eigenes, landsässiges Tischlerhandwerk sich herausbildete. Seit etwa 1740 wird die Intarsie in kürzester Zeit zur beherrschenden Schmuckart Vierländer Tischlerarbeiten. Im letzten Viertel des 18. Jahrhunderts erreicht die Intarsiengestaltung einen hohen Grad der Vereinheitlichung und einen künstlerischen Höhepunkt. Die ersten 30 Jahre des 19. Jahrhunderts sind durch ständige Wiederholung bewährter Motive gekennzeichnet. Ein zweiter Höhepunkt individueller Gestaltung lässt sich bis zur Mitte des 19. Jahrhunderts feststellen, während dann die um 1850 erreichten Formen erstarren und von den letzten noch arbeitenden Werkstätten bis heute beibehalten worden sind. So bildet die Vierländer Möbelkunst ein gutes Beispiel für die Zeit- und damit in gewissem Umfang für die Stilgebundenheit auch der Volkskunst. (1)

Die Technik dürfte aus dem Süden, aus Italien über Österreich, mit wandernden Tischlergesellen in die Vierlande gelangt sein, wo sich eine reiche Kundschaft mit repräsentativen Bedürfnissen in Kirche und dem eigenen Hof fand. Die ältesten Stücke sind im Gestühl der Kirchwerder St. Severini Kirche (1641), der Neuengammer St. Johannis (1666) und St. Nikolai in Altengamme (1651) erhalten. 25 Werkstätten gab es zur Blütezeit der Technik. Heute sind zwei tätig: Rainer Burmester in Zollenspieker sowie Thomas und Günther Dahm in Neuengamme. Der Vierländer Maler, Fotograf und Historiker Werner Schröder fertigt, bauend auf den Traditionen seines Großvaters, des Intarsientischlers Julius Putfarcken (1887–1942) abstrakte Intarsienkompositionen von hoher künstlerischer Qualität. Auch restauriert er Intarsien mit großer Kennerschaft. (22)

Niederländische biblische Fliesen

Die im Rieck-Haus verwendeten Fliesen sind zumeist blau-weiße Fliesen mit so genannten „Historien", alt- und neutestamentlichen biblischen Szenen. Die Fliesen sind niederländischer Herkunft. Sie stammen aus dem letzten Viertel des 18. Jahrhunderts, und zwar aus Friesland, vermutlich aus Makkum oder Harlingen. Man darf keineswegs allemal von Delfter Fliesen sprechen. Gerade während der späten Phase der niederländischen Fliesenproduktion, die für den Export von außerordentlich großer Bedeutung war, hat Delft eine verhältnismäßig geringe Rolle gespielt. Zwischen 1750/60 und 1800 waren in den Niederlanden zeitweilig 80 Manufakturen mit der Fliesenherstellung befasst. Von Makkum weiß man, dass allein von der Fabrik Tichelaar zwischen 1790 und 1855 rund 5 Millionen Fliesen direkt an Händler in Hamburg und Altona ausgeführt wurden, und die Produktion in

Stollentruhe mit Intarsien

Stuhloberteil in der „Lütt-Döns“

Vierländer Stuhl

Lütt Döns, die Wohnstube für die Altenteiler, steht der des Bauern an Aufwand der Ausstattung nicht nach.

Harlingen war noch größer. Die niederländischen Fliesen kamen oft als Rückfracht von Baumaterial und Getreide, später in Zusammenhang mit dem Grönlandwalfang, als man die Schmackschiffe, die die Seeleute aus dem Norden in die Anmusterungshäfen – vor allem Harlingen – brachten, für die Rückfahrt mit Fliesen füllte. (1)

Lüttdöns (Altenteilerstube)

Auf dem östlichen Ende des Kammerfaches liegt die „Lüttdöns", die Stube des Altenteilers, von der „Grootdöns" geschieden durch die Wirtschaftszwecken dienende Mittelkammer mit den Bettkästen der „Grootdöns". Auch hier sind die Wände mit niederländischen Fliesen bekleidet, die bei den im Allgemeinen feuchten und salpeterhaltigen Wänden eine außerordentlich praktische, weil nicht verderbende Wandbekleidung darstellen und auch nach Hochwasser, das ja vor den Stuben nicht Halt machte, leicht wieder zu säubern waren. Die Schreibkommode, im Lande „Schatull" genannt, hier in einem Exemplar vom Ende des 18. Jahrhunderts, ist ursprünglich ein städtisches Möbel des 18. Jahrhunderts, das aber in den Vierlanden etwa seit der Mitte des Jahrhunderts allgemeine Verbreitung gefunden hat und auch von Vierländer Tischlern angefertigt wurde.

Vor dem Wandbett, das durch mit Intarsien geschmückte Schiebetüren von 1812 verschließbar ist, nimmt die Stubenecke den Sitzplatz auf. Bettbank, die mit Kissen belegt werden kann, und Ausziehtisch mit Balusterbeinen, dessen Inschrift „Jochim Schlicht Anno 1856" lautet, ein Typ, der aus dem frühen Barock tradiert worden ist. Das Wandbett ragt in die kleine Altenteilerkammer zwischen „Lüttdöns" und Außenwand.

Auch die „Lüttdöns" wird durch einen Beilegeofen aus Hamburger Fayencekacheln vom Anfang des 19. Jahrhunderts mit einfachen blauen Streublumen auf weißem Grund beheizt. Zwei der Kacheln tragen kleine Hamburger Wappen. (1)

Die Diele

Vom Flett sieht man in die Diele, die durch eine meist gereffte Leinen- und Segeltuchplane bis etwa zu Mannshöhe abgetrennt werden kann, wenn man beim Dreschen und Worfeln des Getreides Staub und umherspringende Körner vom Flett fern halten will. (1)

Die Diele bildet den Wirtschaftsteil mit Tierstall und Erntelagerung. Den großen Raum der Diele begleiten Abseiten, die Ställe für Pferde und Kühe, die von der Diele aus gefüttert werden, während sich die Mistgänge an den Außenwänden befinden und sich durch die Giebeltüren entsorgen lassen.

Die Ständer zu den Seiten sind durch einen Längsbalken, Rähm, miteinander verbunden. Die Diele überspannen die starken Querbalken, die den Heu- und Getreideboden tragen und auf deren äußersten Ende die Dachsparren aufsitzen. Je vier Ständer mit Rähm, Querbalken und Sparren bilden ein Gefach, und da die Gefache zusammen eine Halle bilden, spricht man von einem Fachhallenhaus.

Der Dielenboden ist mit Lehmschlag bedeckt und hat eine leichte Neigung zur „Grootdör", damit die leeren Wagen leichter hinausgeschoben werden können. Zu beiden Seiten befinden sich die Kübbungen, die Abseiten zwischen den Ständern und der Außenwand, deren Dach in Verlängerung der Sparren nach unten an diese angeschleppt ist. Die Kübbungen nehmen die Stallungen auf: links hinter den verbretterten und mit Klappen versehenen Krippen das Rindvieh, rechts hinter den nur unten verbretterten, oben offenen Raufen die Pferde. Die Diele dient unter anderem zum Dreschen des im Herbst eingefahrenen und auf dem Boden gestapelten Getreides, doch können auch Wagen untergestellt werden. (1)

Bettschapp auf der Diele

An der Nahtstelle zwischen Flett und Diele stehen die Bettschapps für das Gesinde, auch „Butenbetten" genannt, jedes für zwei bis drei Personen. Das für die Mägde steht auf der Rinderseite, während das Pendant auf der Pferdeseite für die Knechte vorgesehen war. Jede Unruhe des Viehs konnte von hier leicht bemerkt und gegebenenfalls konnte schnell Hilfe gebracht werden. Dass zwischen beiden Bettschränken über die Diele hinweg nichts Sittenwidriges geschah, konnte vom Bauern durch ein Fenster aus seinem Bett neben der Wohnstube kontrolliert werden. Dennoch waren es vor allem sittliche Bedenken, die auf dem Wege polizeilicher Verordnungen zur Verlegung der Schlafplätze für die Mägde führten, die in einem Verschlag unter der Bodentreppe, auf dem Boden über der Wohnstube oder auch in einem kleinen Raum im Flett einquartiert wurden. (1)

Das Zusammenleben

Das Zusammenleben, Arbeiten und Wohnen auf dem Hof war patriarchalisch strukturiert. In der Großfamilie war der Bauer Herr im Haus und zuständig für die Feldarbeit und Großtiere. Die Bäuerin konnte mit kluger Wirtschaftsführung und persönlicher Tüchtigkeit eine ebenso angesehene Position erreichen. Sie leitete die Hauswirtschaft und versorgte das Kleinvieh. Jeder hatte hier seine fest gefügte Position, auch die Großeltern. Kindererziehung war Sache der Großmutter. Das Zusammenleben im Bauernhaus war stärker gruppenbezogen und gemeinschaftsorientiert als heute in der Kleinfamilie. (3)

Geräte und Werkzeuge auf der Diele

Vierländer Kirchenwagen

Von den Fahrzeugen des Museums lassen sich nur wenige vorführen. Der Kirchenwagen stammt aus der Mitte des 19. Jahrhunderts. Der aus weißem Weidengeflecht hergestellte Kasten in dem gestrichenen hölzernen Rahmenwerk nimmt drei Sitzbänke auf. Das Untergestell fällt auf durch die hohen, rot gestrichenen Hinterräder und die kräftige Federung. Derartige Wagen bildeten den besonderen Stolz der Familie; sie wurden nur zu besonderen Anlässen benutzt, zum sonntäglichen Kirchenbesuch, zur Taufe, Hochzeit oder zum Begräbnis. Sofern man auf dem Hof keinen besonderen Stuhlwagenverschlag besaß, wurde der Wagen in der Scheune untergestellt und durch ein Segel gegen das Einstauben geschützt. Seit den siebziger Jahren des vorigen Jahrhunderts ist er völlig außer Gebrauch gekommen.

Des Weiteren als typisches Arbeitsgerät ein Ackerwagen und ein Schlitten, wie er im Winter vor allem zur Kirchfahrt benutzt wurde.

Arbeiten auf dem Rieck-Hof

Im Sommer standen alle um halb 3 Uhr nachts auf. Die Männer, der Bauer, die Söhne, vier Knechte, ein Tagelöhner, gingen aufs Feld. Sie arbeiteten bis 11 Uhr mittags. Frühstück brachte das Mädchen hinaus, denn die Felder erstreckten sich bis nach Bergedorf. Nach vier Stunden Mittagspause ging es um 3 Uhr wieder an die Arbeit bis gegen 8 Uhr abends. Die Söhne arbeiteten bis zu ihrer Hochzeit als volle Kraft mit, oft bis zum 30. Lebensjahr. Auf dem Rieck-Hof baute man Weizen an, züchtete Schlachtvieh für den Bergedorfer Markt und betrieb Gartenbau, Obst- und Beerenzucht. Zu Pflückarbeiten zog man die Kinder ab acht Jahren heran. 1910 kam mit dem Erwerb der ersten Göpeldreschmaschine das Ende des anstrengenden Handdreschens. Im Winter reinigten die Männer Gräben, holzten Erlen und Weiden ab, flochten Körbe und schnitten Schilf für das Dach und für Abdeckmatten. Dazu kam als Winterarbeit Viehfüttern und -tränken. Von Anfang November bis Fastnacht setzten sich Frauen und Mädchen mit anderen aus der Nachbarschaft jeden Abend drei Stunden in der Stube zusammen. Dann spannen sie oder pahlten Bohnen, unterhielten sich im matten Licht des Krüsels, erzählten Geschichten oder sangen zusammen, während auf fleißiges Arbeiten geachtet wurde. (3)

Blick von der Diele ins Flett mit Bettkästen für das Gesinde. Die Diele bildet den Wirtschaftsteil des Hauses.

Weitere Gebäude und Anlagen des Hofes

Hölzerne Scheune

Vermutete man zunächst, dass die Scheune aus dem Jahre 1663 stammte, aus jenem Jahr, das die Inschriften der Türstürze des Hufnerhauses nennt, zeigt die Jahrringanalyse des Bauholzes ein Fälldatum von 1530, also die Gleichaltrigkeit mit der ersten Bauphase des Haupthauses.

Die Scheune diente dem Museum bisher als Magazin für einen Teil der großen landwirtschaftlichen Geräte-Sammlung. Im Rahmen des weiteren Ausbaues der Anlage wird sie die Möglichkeit von Sonderveranstaltungen, Aktionen und kleinen Ausstellungen aus dem Sammlungsbestand bieten. Sie ist ein einfacher Zweiständerbau mit einseitiger Kübbung und waagerecht und senkrecht aufgenagelter Verbohlung. Wie das Hufnerhaus ist sie mit Reet gedeckt. Die Kübbung hat den Schweinestall aufgenommen, den man nur ungern mit im Hufnerhaus unterbrachte; der Schweineauslauf ist links zu erkennen. Die Einfahrt liegt seitlich, sodass die eine Seite der Scheune, der Bansen, restlos vollgestapelt werden kann und die Einfahrt selbst als Dreschdiele leer bleibt.

Heuberg

Neben der Scheune steht der Heuberg, der „Barg". Er stellt die älteste offene Scheunenform der Marschen dar und wurde als letztes erhaltenes Exemplar aus Allermöhe 1954 ins Freilichtmuseum versetzt, nachdem ihn 1953 ein Sturm zum Einsturz gebracht hatte. Bereits seit 1324 lassen sich Heuberge für die Hamburger Marsch belegen. Ursprünglich hießen sie freilich Kornberge, weil sie das ungedroschene Getreide aufnahmen. Der Name Heuberg entstand erst Ende des 17. Jhs., als für das Getreide in zunehmendem Umfang feste Scheunen errichtet wurden. Noch im 17. Jh. war auf jedem Hof mindestens ein „Barg", manchmal zwei. Seit dem Beginn des 19. Jhs. ging ihre Zahl zurück. Seit 1870 wurde von der Feuerkasse sogar jede Neuerrichtung wegen der Feuergefahr untersagt. Um 1800 aber waren sie noch zahlreich und allein in Kirchwerder gab es 30. (22)

Sechs hölzerne, etwa 10 m hohe Ständer, die etwa 1 bis 2 m tief eingegraben sind und „Bargruten" oder „Bargroden" genannt werden, tragen ein verschiebbares sechseckiges Reetzeltdach, bei dem das Reet der größeren Elastizität des Daches wegen auf ein Weidenrutengeflecht gebunden ist. Die Sparren sind auf verschiebbaren Rahmenhölzern, den Luunen, gelagert. Das Verschieben des Daches erfolgt nach Bedarf, jeweils an einer Ecke mit Hilfe eines besonderen hölzernen Hebewerks mit Hebebaum.

Heuberg, die älteste Scheunenform der Marsch (H. Förster)

Heuberg

Ackerwagen um 1900

Kirchenwagen um 1850

Scheune von 1631 auf dem Hof von Georg Eggers an der Gose Elbe

Feldentwässerungs-Mühle, Ferderzeichnung Hans Förster, 1938

Das Verfahren ist umständlich und erfordert mindestens vier Mann; aus dieser Unbequemlichkeit erklärt sich auch das Ende dieser Scheunenform, in der das Erntegut außerordentlich zufrieden stellend gelagert werden konnte: Zur Lagerung dient die innerhalb der sechs Ruten auf Ständern ruhende Plattform. Das Erntegut ist damit vor Hochwasser sicher, und da der Wind für Nachtrocknung sorgt, braucht es nicht einmal ganz trocken eingebracht zu werden. Der „Barg" fasst etwa 1500 Zentner Heu oder Korn, und unter dem Boden lassen sich Wagen, Pflüge und anderes Ackergerät unterstellen. (1)

Feldentwässerungsmühle

Während im Gebiet der Freien und Hansestadt Hamburg noch fünf so genannte Galerie-Holländer-Windmühlen zum Getreidemahlen mit Windkraft betrieben werden können, und zwar an ihrem ursprünglichen Standort in Groß-Flottbek, Bergedorf, Reitbrook, Kirchwerder und Wilhelmsburg, ist von den einst zahlreichen Feldentwässerungsmühlen der Vier- und Marschlande nur noch die im Vierländer Freilichtmuseum Rieck-Haus in Curslack erhalten geblieben. Diese Mühle stammt aus Ochsenwerder (Marschlande). Dort hat sie südwestlich vom Haus Norderdeich 132 – früher Nr. 40 – die Entwässerung ihres Einzugsgebiets in die Gose-Elbe besorgt. Mitte der zwanziger Jahre war sie jedoch so reparaturbedürftig geworden, dass allein der Ankauf durch die Hansestadt sie noch retten konnte. Nach einer gründlichen Instandsetzung war sie 1929 wieder betriebsfähig. Aber bereits 1946 waren ihr sowohl die Flügel als auch der Kasten mit der Wasserschnecke abhanden gekommen, und in der allgemeinen Notzeit der folgenden Jahre wurden auch noch sämtliche hölzernen Zahnräder im Inneren entwendet.

In Zusammenarbeit mit dem Bauamt der Vier- und Marschlande konnten die Mühlenreste 1952 nach Curslack verbracht und dort im folgenden Jahr am Entwässerungsgraben des Museumsgrundstücks wieder aufgestellt werden. In den Jahren 1954 und 1955 wurden die Flügel, der Schneckenkasten und das Getriebe im Inneren ergänzt, sodass nach Einbau eines Wasserrücklaufs und nach Auffüllung des umgebenden Geländes die Mühle wieder voll funktionsfähig war. 1995 erfolgte neben einer grundlegenden Restaurierung und Erneuerung von Flügeln und Wasserschnecke die Ausstattung mit Elektromotor, da die Windverhältnisse einen Betrieb am Ort der heutigen Aufstellung erschweren.

Die Entwässerungsmühle am Rieck-Haus ist eine Bockmühle. Derartige Mühlen wurden seit dem 18. Jahrhundert auch deutsche Mühlen genannt im Unterschied zu den jüngeren holländischen Windmühlen. Sie besteht aus dem rund 4 m hohen fest stehenden bockartigen Unterhaus, dem schräg in den tiefer gelegenen Wassergraben der

Kurbel-Schnecke für Handbetrieb oder Pferde-Göpel

Feldentwässerungs-Mühle des Rieck-Hauses

Schneckenkasten angefügt ist, und dem 4,50 m hohen drehbaren Oberhaus mit den beiden Flügelpaaren und dem langen Drehbalken, dem Sterz oder Steert. (10)

Die Flügel werden mit Segeltuch bespannt; ihre Drehung überträgt sich durch das Windhalsrad auf die stehende Welle und weiter auf die in einem Kasten zum Wasser geneigt liegende Wasserschnecke, sodass das unten im Schneckenkasten stehende Wasser hochgemahlen und in den Abflusskanal auf der anderen Seite der Mühle geleitet wird.

Auch die Schöpfmühle stammt aus Holland, Krünitz berichtet in seiner Enzyklopädie nach einer Beschreibung der Stadt Delft: „Diejenigen Mühlen womit in Holland das Wasser aus dem Lande geschöpft und weggeschaft wird, deren eine schon ums Jahr 1408 bey Alkmaar gewesen, auch 1450 bey Schoonhoven und 1452 bey Enkhuisen erbauet worden, wurden anfänglich von Pferden, und nachher vom Winde getrieben. In der Billwärder Marsch sind Entwässerungsmühlen seit etwa 1590 im Gebrauch, erwähnt wird 1595 die erste Schöpfmühle in Allermöhe."

Um 1706 standen allein an der Bille, etwa 150–200 m vom Ufer entfernt, knapp 200 Feldentwässerungsmühlen. 1878 gab es in Kirchwerder noch 11. In den hamburgischen Landgebieten baute man die ersten Mühlen mit Wasserschnecken für eine Entwässerungsleistung von etwa 400 hamburgischen Morgen, d. s. 100 ha.

Obwohl der Wirkungsgrad des Windes bei Mühlen herkömmlicher Art allgemein nicht sonderlich hoch ist, war die Leistung der Entwässerungsmühlen beachtlich. In der Wilstermarsch konnten die kleinen Mühlen bis zu 55 ha entwässern, sodass ungefähr auf jeden Hof eine Mühle entfiel.

Wegen der alljährlich wiederkehrenden Entwässerungsschwierigkeiten durch anhaltende Frühjahrsniederschläge und Elbhochwasser zur selben Zeit, entschloss sich der Hamburger Senat, eine Dampfentwässerungsanlage in Allermöhe zu errichten, die 1888 in Betrieb genommen wurde, nachdem ein erstes entsprechendes, schon 1859 geplantes Projekt nicht zur Ausführung gelangt war. In der Landschaft Billwerder wurden die Entwässerungsmühlen dadurch überflüssig. Nachdem 1924 auch Ochsenwerder und Kirchwerder moderne Pumpwerke erhalten hatten, konnte man im gesamten Bereich der Vier- und Marschlande auf die Entwässerungsmühlen verzichten.

Seit dem 17. Jh. hatten sie wesentlich zur Ertragssteigerung des Getreideanbaus beigetragen, ja in weiten Landstrichen diesen überhaupt erst ermöglicht.

Die archimedische Schraube in der runden Tonne hat man dagegen auch in den Vier- und Marschlanden als Handpumpe benutzt, indem man sie, ggf. durch ein Gestell gehalten, schräg ins Wasser stellte und die Welle mit einer Handkurbel drehte. Vor allem bei Sielreparaturen fand die Schraube auf diese Weise oft Verwendung. Im Freilichtmuseum in Curslack gibt es ein Exemplar dieser Handpumpen, das zwar aus der Wilstermarsch stammt, in völlig gleicher Weise aber in den Vierlanden und in den Marschlanden gebräuchlich war. (10)

Neue Mühlen für alternative Energie

Seit einigen Jahren entstehen in den Vierlanden und Marschlanden Wind-Energieanlagen, die das über Jahrhunderte gewachsene und gewohnte Landschaftsbild neu prägen. Die hohe Baudichte Hamburgs hat diese neuen Bauten an den Außenbezirken angesiedelt. So stehen hier in der Marsch die Hälfte der etwa 50 Hamburger Anlagen. In 70 m Höhe schnurren Rotoren von 48 m Durchmesser mit 20 Umdrehungen je Minute. Zunehmend fühlen Anwohner sich gestört, auch in ihrem Empfinden für harmonische Landschaft. Die Lärmentwicklung freilich hält sich in Grenzen. 1998 speisten 40 Hamburger Anlagen 30 Mio. Kilowattstunden ins Netz. Die Amortisation dauert dank der hohen Energievergütung etwa 10 Jahre. (22)

Vierländer Ewer

Zwischenzeitlich zu Ausstellungszwecken ins Altonaer Museum verbracht, soll das hölzerne Schiff wieder am Rieck-Haus aufgestellt werden, wenn geeignete Vorkehrungen für Konservierung und Überdachung erfolgt sind.

Der etwa 9 m lange Gemüse-Ewer des Museums ist 1922 auf einer Werft in Fliegenberg an der Elbe gebaut worden. Er dürfte das letzte erhaltene Exemplar dieses einst weit, auch über die Vierlande hinaus verbreiteten Typs sein. Das Schiff konnte völlig verfallen in Ochsenwerder-Neudorf erworben, von der Strackmeisterei in Moorwerder wieder vollständig instand gesetzt und 1960 ins Museum überführt werden. Derartige ungedeckte Fahrzeuge mit Gaffel- und Focksegel waren das Haupttransportmittel der Vierlande. Mit ihnen konnten auf der Dove-Elbe beziehungsweise Gose-Elbe möglichst unter Ausnutzung der Gezeiten die landwirtschaftlichen Erzeugnisse dem Hamburger Markt – meist dem Messberg, aber auch dem Hopfenmarkt und dem Altonaer Fischmarkt – zugeführt werden. Dieses Fahrzeug diente zwei Kätnerfamilien, die ihre Waren selbst zu Markt brachten und verkauften, für derartige Zwecke. Größere Ewer, die eine Länge von etwa 22 m erreichten, wurden von Schiffern, die selbst keine Landwirtschaft betrieben, geführt. Schon früh kam nämlich die Sitte auf, dass so genannte „Koopsläger“ Obst und Beeren am Baum kaufen, selbst pflücken ließen und dann für eigene Rechnung veräußerten. Auf dem Hamburger Markt wurden diese Waren von besonderen Handelsleuten vertrieben. Dafür reichten die kleinen Boote nicht aus. Der Kommissionär, der die Ware des Bauern für dessen Rechnung unter Abzug seiner Spesen und seines Gewinns auf Treu und Glauben verkauft, spielt auch heute noch eine große Rolle, da sich der Bauer, sofern er sich seiner bedient, ganz der Erzeugung widmen kann, ohne auch noch den Verkauf übernehmen zu müssen. Auch der Kommissionär brauchte größere Fahrzeuge, die schließlich auch mit Motor versehen oder von Dampfern geschleppt wurden.

Vierländer Ewer, Federzeichnung von Hans Förster, 1938

Heute ist diese Aufgabe dem Lkw zugefallen, eine Entwicklung, die bereits Ende der 1920er Jahre eingesetzt hatte. (1) Noch heute nennen die Alten die Lastwagenfahrer zum Hamburger Markt „Schipper“.

Auf den alten Elbarmen, die bis in die 1930er Jahre nicht abgeschleust waren, hatten die Schiffer oft Schwierigkeiten mit den niedrigen Wasserständen und Schlick. Es wurde gestakt oder durch die Frauen von Land aus an Leinen geschleppt, getreidelt (daher „Drelnfohrer“) und schließlich auf Motorschuten umgeladen. Ein Mitglied der Schif-

Margret Lang in Tracht mit Brot vom Backhaus

ferfamilie Albers aus Kirchwerder hat als letzter in Vierlanden noch 1940 mit dem Ewer den Deichtormarkt beliefert. 1928 hatte ein Familienmitglied den ersten Lkw gekauft und eingesetzt. Danach waren Straßenbau und Brückenverstärkung ganz neue Probleme für Vierlanden. (22)

Backhaus

Dank des Engagements der Beschäftigungsgesellschaft „Arbeit und Lernen“ konnte auf dem Hofgelände das Backhaus wieder errichtet werden. Zufällig traf man, wie Fundamentreste ergaben, dabei genau den Standort des originalen, verschwundenen, das, völlig baufällig, bei Bombenvibrationen in den 1940er Jahren zusammenfiel und abgeräumt wurde. Nun konnten auf Initiative des Vierländer Malers und Heimatforschers Werner Schröder die Reste von zwei ruinierten ähnlichen Backhäusern hier wieder zu einem vollständigen zusammengefügt werden.

16 Arbeitslose erhielten dabei Praxis als Schlosser, Tischler oder Maurer.

Jeder große Hof verfügte ehemals über ein solches Gebäude, das wegen der Brandgefahr immer in Entfernung vom Haupthaus lag und hart, d. h. mit Pfannen gedeckt war. Das Innere birgt einen gekuppelten, igluartigen Ziegelofen, der, langsam angeheizt, das Brot – meist Sauerteig – in der Nachwärme gut gelingen lässt. Erstmals zum Erdbeerfest im Juni 1999 konnte Bezirks-Innungsmeister Heinz Hintelmann mit der alten, zunächst ungewohnten Technik Erfahrung sammeln, sodass regelmäßige Backtage möglich sind. Nach altem Rezept kreierte er für das Rieck-Haus sein Sauerteigbrot „Vierländer Urtyp“. (22)

Backhaus, aktiviert seit 1999 von Bäckermeister Heinz Hintelmann

Hölzerne Scheune des Rieck-Hauses, 1530er Jahre

Viehgatter trennt das Feld von der Hofanlage

Empfang des Bundespräsidenten Heuss durch Emil Evers, 1954

Emil Evers
Museumswart und Original

Emil Evers war Museumswart und Original, Sammler, Geschichtenerzähler und auch Geschichtenlieferant so mancher Begebenheit.

Als Seele des Rieck-Hauses war er bald so bekannt wie das Rieck-Haus selber. Er wohnte in den Museumsräumen und wusste auch nach Feierabend die Döns bei Anisgrog und Jasmintee mit der ihm eigenen Stimmung auszufüllen. Geboren wurde Emil, wie er allgemein genannt wurde, am 12. Dezember 1903 in Rothenburgsort. Nach der Schulentlassung erlernte er den Beruf des Stahlgraveurs. Ostern 1923 machte er seine Gesellenprüfung. 1924 war er als Landhelfer in Mecklenburg tätig. Ab 1927 fuhr er vier Jahre als Kochsmaat zur See. 1936 arbeitete er in einem Furnierwerk, als Straßenarbeiter und beim Westwallbau. 1940 führte ihn sein Weg nach Reitbrook als Platzarbeiter bei einem Erdölbetrieb. Zu der Zeit lernte er auch den 1942 verstorbenen Intarsientischler Tönnies Rohlfs in Kirchwerder bei der Kirche kennen. Sein Zeichentalent als Stahlgraveur, seine Tätigkeit im Furnierwerk und die Anleitung von Tönnies Rohlfs führten bei ihm zu ersten Intarsienarbeiten. Dadurch entstand nun ein Kontakt zum Denkmalschutz und somit auch zum Rieck-Haus. Denn diese Hofanlage wurde 1936 unter Denkmalschutz gestellt und 1940 von der Stadt Hamburg erworben.

Gleich nach dem Krieg begann Emil Evers hier nun mit dem Bergen, Schützen und Bewahren. 1947 wurde er offiziell tätig bei den aufwendigen Wiederherrichtungsarbeiten und Ergänzungen der alten Hofanlage und somit der „Mann für alles".

1954 wurde das Rieck-Haus als Freilichtmuseum und Außenstelle des Altonaer Museums eröffnet. Schon im selben Jahr gab es hochkarätigen Besuch. Der damalige Bundespräsident Theodor Heuss sah sich das neue Museum in Vierlanden anlässlich eines Hamburgbesuchs an. Dabei erhielt der überzeugte Junggeselle Emil Evers als Gastgeber „eine Frau und zwei Kinder" zugeteilt. Dem Staatsoberhaupt sollte eine richtige und intakte Familie vorgeführt werden, selbstverständlich alle vier Familienmitglieder in Vierländer Tracht. Emil gewann dabei sogar eine Wette. Er hatte versprochen, den hohen Herrn zu duzen. Die Umstehenden konnten es bezeugen. Nur der Gast aus Schwaben verstand kein Platt und wies Emil darauf hin, mit ihm lieber Hochdeutsch zu „schwätzen".

Emil wurde am 30. November 1968 pensioniert und von Erich Rieck abgelöst. Zunächst wohnte der Ruheständler in Altengamme am Heidbergredder und später in Bergedorf am Glindersweg. Es war sein Wunsch, auf der Geest zu wohnen, denn ein Leben lang plagte ihn das Rheuma. Am 19. September 1979 starb Emil Evers in Bergedorf und fand hier auf dem Friedhof auch seine letzte Ruhestätte. Die Erinnerung an ihn lebt aber in vielen Anekdoten fort, auf so mancher Fotografie und auch unter dem alten Reetdach des Rieck-Hauses. (14)

Vierländer Absonderlichkeiten aus alten Schulaufsätzen

Bismark

Unse Bismark is ein große Staatsmann. Bismark ist deutsch. Wir sind alle Deutsche. Alle sind vor ihm bange. Deutschland is mächtig. Bismark beschützt uns alle, kein ein kann uns biekahmen. Bismark heißt mit Vörnamen Otto. Er ist Fürst und Ganzler. Er ist in Schönhausen geboren 1815. Als er erwacksen, baute er sich ein Schlos in Friedrichsruh, dicht bei uns. Wenn er in Friedrichsruh wahnt, geht er viel in Sachsenwald spazieren, 2 Dogen bewachen ihm, sie sünd stämmige, bissige Setzer. Ümmer kucken sie auf ihren Herrn um ihm biezuspringen. Vadder kennt Bismark, unse Lehrer auch, aber Großmudder auch. Bismark is an sein wenig Haare zu kennen. (23)

Das Taschenmess

Wenn ich groß bin und was verdient, kauf ich mir'n Taschenmeß, aber's fein, sonn wie mein Vatter hat, mit drei Klingen un Korkentrecker an, das kann man ümmer brauchen. Ich hab mir ümmer ein gewünscht un hab mir Neigammer Mark auch ein geköft, aber mit man ein Klinge, aber das is annern Tags gleich abgebrochen, als ich mich ein Flitzbogen schnieden wollte. Nee, wenn ich was verdient, kauf ich mir gleich was ördentlich, was deftiges, was vor 2 Mark und 50 Fennig kostet, das reckt vor's Leben. Mein Vatter sein is ganz was feines, das kostet auch soviel Geld, 2 Mark 50 Fennig, er hat es sich als ganz jung Kerl gekauft. Morgens schneid er zum Kaffee männigmal Stücke Speck sich damit ab, un sticht die Stücke auf die Spitze von das Taschenmess, un steckt sie denn zwischen Brod kauen in Mund. Das sieht fein aus, un nachher putzt er sich die Zähne damit, un kilet sich die Stücke, die festsitzen, da mit raus, un kratzt sich auf die Zähne, un schneidt nachher denn Bast vor's Blumenbinden un die Stengels von die Blumen damit ab, un spitzt die Blumenstöcke mitten Taschenmess an; un Mittags, nach Essent, putzt er wieder seine Zähne damit, wegen die Stücke Essent die bebacken bleiben, bald nimmt er zum schnieden die kleinen Messklingen, bald das große für Holz un so was, un schrabt was ab wo Dreck auf sitzt, un Abends braucht mein Mutter nachen Proppentrecker nich laufen. Vatter hat ihn bie sick. Und schneidt sich die Nagels an die Hände un an die Füße damit, un kratzt damit an die Bäume um zu sehen ob in Borke Würmer laufen. Sonn Taschenmess will ich haben, sonn is zu fein. (23)

Die Ziege

Die Ziege, auch Lotte genönnt, is ein nützliches Hausthier. Sie hat 4 Beine, unser hat ein weißes Fell. Lange, büttjen hatte Haare hat sie hinten, baben sünd die Haare kurz. Die Augen stehen büttjen außen Kopf. Die Nase is an die Spitze schwarz mit 2 Nasenlöcker. Das Maul sitzt darunter. Die Zähne sünd scharf. Auffen Kopf sitzen 2 Hörners. Unse Lotte hat handlang große Hörners. Sietwarts die Ohren, bei uns sünd sie inwendig schwarz, außen weiß. Unter Kinn trägt sie ein Bart. Der Bart is handlang. Großvadder tragt auch sonnen witten Bart unters Kinn, bei Minschen würd er Ziegenbart geschimpft, weil die Zikken ihn ümmer haben.

Was sull ich noch mehr schrieven? Ja, doch, ich hätt bald ganz auf vergessen, die Ziege giebt Milch wenn sie nich grad dröch steht. Unse Lotte giebt pör Dag, över 2 Liter. Grünfutter fressen die Ziggen am leivsten. Unse hört auf ihr Name, sie kennt uns und stoßt uns nich, abers wenn Otto, uns Bruder, sie piesackt, stoßt sie, wenn sie ihn fatkriegt. Wo die Ziggen gestahn, kannst gliecks marken, wenn auf die Erde siehst, ihre Ziggenkötel sünd man lüttje, schwarz un blank. Sie streiht sie rund außen Lock. (23)

Julius Weyde, Mädchen in Vierländer Tracht, Öl auf Leinwand, 1850 (?), Altonaer Museum

Vierländer Tracht

Geradezu synonym für die Vierlande ist die Vierländer Tracht, heute wieder von Trachtengruppen und Vereinen getragen, aus altem Familienbesitz geschätzt und gehütet und in Arbeitskreisen nachgebildet und ergänzt. Das Altonaer Museum besitzt in seiner Trachtensammlung, der bedeutendsten Norddeutschlands, eine beachtliche Kollektion Vierländer Trachten und Ausstattungsteile und den dazugehörenden Silberschmuck.

Bis zur Mitte des 19. Jh. regelmäßig benutzt, war sie für mehrere Generationen Berufstracht und Markenzeichen der Vierländer Händlerinnen, das Gütezeichen für ihr Produkt. Diese Tradition hat eine bekannte Margarinefirma nach dem Zweiten Weltkrieg für sich genutzt und bis heute, vielfach modernisiert, verwendet. Die kurzen Röcke, die „Bein zeigten“ gaben allerdings auch Anlass zu frivolen Missdeutungen der flanierenden Herren in der Stadt, die von der Blumen verkaufenden „schönen Vierländerin“ auf dem Jungfernstieg weitere Dienstleistungen erhofften, was die Dorfschönen mitunter in Verruf brachte, weil unechte, vierländerisch verkleidete Damen die ganz andere, verhoffte Ware an den Mann brachten. Dem Absatz der Vierländer Produkte tat dies freilich keinen Abbruch.

Älter als um 1750 lässt sich die signifikante Vierländer Kleidung nicht zurückverfolgen. Auffallendstes Merkmal der Tracht war und ist der Strohhut, der eigentlich als Sonnenhut gedacht war. Dieser „Hoot“ war geflochten aus Roggenhalmen oder Rispengras, teils in eigenhändiger Heimarbeit des Winters, häufiger wohl von spezialisierten „Hoot-Neiers“, die die geflochtenen Halmbänder weiterverarbeiteten. Eigentlich war der Hoot nur von Ostern bis Michaelis als sinnvoll erachtet und getragen. Darunter, aber auch für sich getragen, sitzt die „Hüll“ oder „Froensmütz“, eine halbkugelrunde Kappe aus Pappe, mit Stoff bezogen und gefüttert. Im Nacken ist hieran die unverwechselbare schwarze, steife Schleife genäht oder geklebt, die „Nessel“, die scherzhaft auch „de Krei“ (Krähe), „Windmöhlenflögel“ oder „dat Stüür“ (Steuer) heißt. Der charakteristische glockenförmige Rock wird je nach Jahreszeit über 1–4 Unterröcken getragen, allerdings derart auch bei Hochzeiten, um „rech prall und stuhr“ zu erscheinen. Reicher Schmuck aus Silber und Bernstein machen ebenso wie aufwendige Stickerei die Tracht zur Augenweide und ehemals wie heute zur Kostbarkeit. (22)

Kopfweiden und Flechtzäune

Zum charakteristischen Bild der Marschen und Vierlandens gehören die Kopfweiden, die als nachwachsender Rohstoff regelrecht angebaut wurden. Besonders gern setzte man sie außendeichs und an die Ufer der Flussläufe. Regelmäßig an den Kronen beschnitten, bildeten die neuen graden Triebe Stangenholz für mannigfache Verwendung. Als Flechtzäune umfriedeten sie den Hof, pferchten das Vieh ein und ermöglichten als geflochtene Körbe den Transport der landwirtschaftlichen Produkte zum Markt. Das Reetdach der Gebäude war mit Weidenbändern an den Latten befestigt, die im Gegensatz zum seit 1900 verwendten Draht im Feuer bald durchbrannten und erlaubten, das Reet mit Feuerhaken herunterzuziehen. Auf regelrechten Feldern gezogen, lieferten die Weiden gleichartiges Material für die Korbflechter und besonders für die „Bandreißer“ die mit gespaltenen Weidenzweigen Fassreifen fertigten, besonders in Kirchwerder und Altengamme. Die letzten Vertreter ihres Faches sind schließlich noch heute in der Haseldorfer Marsch tätig, wo sie Reifen als Grundlage für die Kränze der Floristen fertigen, bis diese letzte Nutzung ihrer Kunst durch Kunststoff auskonkurriert sein wird. Ähnlich ging es mit den andern Verwendungsarten, etwa den Zäunen, die seit den 1920er Jahren durch Stacheldraht (das als Kriegsmaterial entwickelt worden war) und später durch die Elektrozäune ersetzt wurde. Das Rieck-Haus hat Mühe, geeignete Weidenruten für die Pflege der Weidenzäune des Museums zu bekommen und verarbeiten zu lassen. Die nicht gestutzten Kopfweiden wachsen aus und brechen unter der Last der schwachen Äste auseinander. So werden die letzten bald verschwunden sein. (16)

Korbweiden mit Pferd „Midi“ und Reiterin Sarah

Flechtzaun aus Weideruten, Rieck-Haus

Seite 61 oben links: Thüringer Puppe in Vierländer Tracht, um 1900, Altonaer Museum
unten links: „Lütt Speeldeel“, 1998
oben rechts: Vierländer Speeldeel, Erntedank, 1995
unten rechts: Vierländer Frauentracht

Vierländer Erdbeerkulturen. Federzeichnung Hans Förster, 1938

Erdbeeren

Neben Maiblumen und Stiefmütterchen war die Erdbeere bis vor 25 Jahren eines der wichtigsten Produkte der Vierlande. Seit Generationen kultiviert, erzielte sie einst unvorstellbar hohe Preise, besonders wenn es gelang, unter Glas und in Töpfen die Beeren vor der Saison zum Reifen zu bringen und sie als Kostbarkeiten in Hamburg abzusetzen. Konkurrenz durch ausländische Sorten, weltweite Transportmöglichkeiten und fast ganzjährige Saison auf dem Großmarkt haben die Vierländer Erdbeere in eine Nische verdrängt, wo sie heute in wenigen Reihen als Nebenerwerb angebaut wird, um, meist direkt vermarktet, gar nicht mehr auf den Großmarkt zu gelangen. Die Pflücklöhne rechnen sich nicht und die gewaltigen Felder auf der Geest „zum Selberpflücken" tun ein Übriges.

Die noch heute typische Transportweise in rechteckigen Spankörben gibt es erst seit 1904. Man bezog sie aus Thüringen. Im Gegensatz zu den alten, runden Weidenkörben ließen sie sich auf den Ewern rationeller stauen. Um 1900 fasste ein solches Neuengammer Schiff bis zu 7000 Körbe.

Seit 1693 in den Vierlanden nachgewiesen, beherrschte die Erdbeerkultur derart Leben und Streben, dass sogar Zahlungsverschreibungen mit der Klausel „no de Eerbeerntied" versehen waren. Denn dann war bares Geld verfügbar. Saison war, länger als heute, von Mai bis Juli.

Um 1900 kamen aus Vierlanden über 140 000 Zentner der Beeren, davon aus Kirchwerder 100 000 auf einer Fläche von 159 ha, Neuengamme mit 77, Altengamme mit 40 und Curslack mit 28 Hektar. Die heute übliche Pflanzung in Reihen kam erst nach 1945 auf. Vorher setzte man Erdbeeren dreireihig in Beete. (17)

Seit 1999 richtet das Rieck-Haus im Juni, nach Pfingsten unter Beteiligung der Vierländer Vereine das „Erdbeerfest" aus, das, von mehreren Tausend Menschen besucht, die Vierländer kulturgeschichtlichen Traditionen verlebendigt und eine festliche Begegnung von Stadt und Land ermöglicht.

Rhabarber

Ein weiteres klassisches Vierländer Produkt ist der Rhabarber, der seit Mitte des 19. Jh. in unglaublichen Mengen erzeugt, geerntet und weit transportiert wurde. Rhabarber war für die Vierländer Eisenbahn zwischen Zollenspieker und Bergedorf eine charakteristische Fracht für die Großstädte Hamburg und Berlin.

Aus China und Persien stammend fand die Pflanze aus der Familie der Knöterichgewächse seit Jahrhunderten als getrocknete Wurzelknolle ihren Weg in die europäischen Apotheken. Man schätzte die reinigende und mild abführende Wirkung des Absuds. Ursprünglich als Medizinalpflanze in Europa kultiviert, wurde Rhabarber erst später als „Gemüse" verstanden. Die saftigen Blattstiele, deren süß-saurer (Oxalsäure) Geschmack für Kompott geschätzt wurde, gewann man in England aus der Rheum rhaponticum und in Frankreich aus Rheum undulatum. Sie bilden auch die Grundlage für den Vierländer Anbau. Besondere Spezialität ist das frühe Treiben, das unter umgestülpten Tonnen vor sich ging und vor dem Saisonbeginn im Mai zwar bleiche, aber teure Blattstiele lieferte. (22)

Erdbeerpflücken in Kirchwerder

Rhabarber-Ernte, Kirchwerder, Mai 2000

Erdbeerfest beim Rieck-Haus, jährlich im Juni

Vierländer Spezialitäten

ERDBEERSCHNEE-EIER

$^1/_2$ l Milch, 50 g Zucker, 2 Eiweiß, 1 Päckchen Vanillesaucenpulver, Rum, 2 Eigelb, 250 g Erdbeeren, 50 g Zucker, geraspelte Schokolade

Die Milch mit dem Zucker erhitzen. Das Eiweiß zu festem Schnee schlagen, den Zucker in zwei Portionen darunterschlagen. Aus dem gezuckerten Eischnee mit zwei Teelöffeln Klößchen abstechen und in die kochende Milch legen. Die Klößchen 4–5 Minuten im offenen Topf bei schwacher Hitze ziehen lassen. Mit einer Gabel umdrehen und halb zugedeckt noch 3 Minuten liegen lassen. Dann herausnehmen und im Kühlschrank gut durchkühlen lassen. Die zurückbleibende Milch auf $^3/_8$ l ergänzen. Das Saucenpulver mit dem Eigelb und 2 EL kalter Milch verquirlen, in die kochende Milch gießen, einmal aufkochen lassen, mit Rum abschmecken, abkühlen lassen.

Die Erdbeeren putzen, halbieren, zuckern, abwechselnd mit den Schneeklößchen in eine Schale legen, die Creme darüberfüllen, mit geraspelter Schokolade verzieren.

JUBILÄUMSCREME

250 g Erdbeeren, 1 Tasse Rotwein, 4 cl Rum, 100 g Zucker, 1 unbehandelte Zitrone, 1 Tüte gemahlene rote Gelatine
Creme:
250 g Quark, $^1/_2$ Tasse Milch, 80 g Zucker, 2 Päckchen Vanillezucker, $^1/_4$ l Schlagsahne, 50 g Borkenschokalade

Die geputzten, geviertelten Erdbeeren mit Rotwein, Rum und Zucker erhitzen. Umrühren, bis der Zucker sich gelöst hat. Abgeriebene Zitronenschale und die aufgelöste Gelatine zugeben. Fruchtmasse kaltstellen. Quark, Milch, Zucker und Vanillezucker sehr cremig rühren. Steif geschlagene Sahne unterziehen.

Sahnequark in eine Glasschüssel füllen. Die gestockte Erdbeermasse auf den Quark gießen und spiralförmig unterziehen, nicht verrühren! Beide Massen sollen in sich getrennt bleiben, sodass die Creme rot-weiß-gestreift ist. Kaltstellen. Vor dem Servieren mit Borkenschokolade bestreuen.

ERDBEERCREME

400 g frische Erdbeeren, 2 EL Zucker, 1 TL Gelatinepulver. $^1/_4$ l Schlagsahne

Erdbeeren mit Zucker bestreuen, abdecken und Saft ziehen lassen. Durch ein Sieb streichen. Mit etwas kochendem Wasser aufgelöstes Gelatinepulver und geschlagene Sahne unterziehen. Kaltstellen. Mit Waffeln und geschlagener Sahne aus dem Spritzbeutel garniert servieren.

ERDBEEREN MIT PFEFFER

750 g frische Erdbeeren, 1 Päckchen Vanille-Eis, $^1/_4$ l Sahne, 1 geh. EL Zucker, 1 geh. EL grüner Pfeffer, $^1/_8$ l Rum

Erdbeeren waschen und abtropfen lassen. Je 2 Eiswürfel in 6 Gläser füllen und die Erdbeeren darauffüllen. Sahne mit Zucker steif schlagen und den gut abgetropften Pfeffer unterheben. Kurz vor dem Servieren den Rum unter die Sahne rühren und über die einzelnen Portionen geben.

RHABARBERGRÜTZE MIT ERDBEEREN

500 g Blutrhabarber, 1/2 l Wasser, 3–4 EL Zucker, 1/2 Zimtstange, 1/2 unbehandelte Zitrone, 1 Päckchen Vanillepuddingpulver, 2–3 Eier, 1/4 l Sahne, 250 g Erdbeeren

Rhabarber waschen, in Stücke schneiden, mit Wasser, Zucker, Zimtstange und der halben Zitrone weichkochen. Zitrone und Zimt herausnehmen. Das in Wasser angerührte Puddingpulver mit dem Schneebesen untermischen, einmal aufkochen lassen. Eigelb unterziehen. Eiweiß zu Schnee schlagen, unter die etwas abgekühlte Grütze heben. Kühlstellen und mit Sahne und pürierten Erdbeeren servieren.

VIERLÄNDER STÜBENKÜKEN

4 Stubenküken (junge Hähnchen von 200 bis 250 g), 125 g Hähnchenleber, 125 g gekochter Schinken, 10 g Mehl, 40 g Butter, 4 EL Sahne, 1 Ei, Salz, 30 g Trüffeln aus der Dose, 2 EL Madeira, 1/2 EL Weinbrand, 8 dünne Scheiben Frühlingsspeck, 200 ml Sahne

Stubenküken waschen und gut abtrocknen. Hähnchenleber und Schinken im Mixer sehr fein pürieren. Mehl und etwas Butter in einem Topf erhitzen, mit 4 EL Sahne verrühren und aufkochen lassen. Vom Feuer nehmen, mit dem Hähnchenleberpüree und dem Ei vermischen, mit etwas Salz abschmecken.

Trüffeln in feine Streifen schneiden. In der restlichen Butter andünsten, dann den Saft aus der Dose zugeben. 5 Minuten schmoren lassen. Madeira und Weinbrand zugeben und etwas abkühlen lassen. Trüffeln mit der Leberfarce mischen, Küken damit füllen und zunähen. Speckscheiben auf die Brüste legen und mit Garn befestigen. Die Küken mit der Brust nach oben im Backofen bei 200 Grad 45 Minuten garen. Die Speckscheiben abnehmen und mit der Sahne und dem Trüffelsahnefond etwas einkochen lassen. Die Küken in der Zwischenzeit noch 15 Minuten braten, damit die Brüste hellgelb werden, mehrere Male mit dem Bratenfond beträufeln. Auf einer Platte warmstellen. Den Bratfond mit etwas Wasser löschen und in die Sahne geben, wieder aufkochen lassen, bis die Sauce leicht sämig ist. Abschmecken und durch ein Sieb streichen. Stubenküken mit Erbsen, Spargel und neuen Kartoffeln servieren.

Rezepte entnommen aus Dörner, Claus S.: Das Hamburg-Kochbuch: die feine bürgerliche Küche der Hansestadt. 2. Auflage 1993.

Gerbera im Treibhaus

Treibhaus-Landschaft am Elbdeich, Altengamme, Mai 2000

Blumen

Bis heute haben auch die Vierländer Blumen entscheidend zum guten Ruf der Gegend und Auskommen der Bewohner beigetragen. Zunehmend gilt es freilich, gegen eingeflogene Importe und besonders gegen die holländische Konkurrenz anzuarbeiten. Große holländische Lastautos fahren regelmäßig hierher, um die Gärtnereien mit Jungpflanzen, Blumenzwiebeln und Ähnlichem zu versorgen, die nun nur noch veredelt werden. Wie bei den Erdbeeren wurden durch die heutigen schnellen, überregionalen Verkehrsverbindungen und Kühlmöglichkeiten der einstige Heimvorteil der Vierländer Erzeuger durchbrochen, ihre Produkte schnell und frisch an den Verbraucher bringen zu können. Oftmals rechnet sich die künstliche Verschiebung der Saison durch Glashäuser und teure Heizung nicht mehr. Seit etwa 1850 wurden Primeln, Vergissmeinnicht und Schnittblumen unter Glas gezogen in Frühbeeten abdeckt mit den typischen, in Sprossen gefassten Vierländer Fenstern oder den großflächigeren „Holländern". Das begehbare Glashaus entstand aus solchen Mistbeetfenstern, die als Dach aufgestellt wurden. Die Vierlande sind noch heute das größte zusammenhängende deutsche Gebiet für Unter-Glas-Kulturen, mit allerdings rückläufiger Tendenz. Viele Glashäuser stehen leer oder verfallen, u. a. durch unverhältnismäßige Ölpreise. Neue steilwandige Modelle holländischen Typs erlauben Kulturen in mindestens zwei Etagen.

Am frühen Morgen holten Vierländer Blumenverkäuferinnen, die mit ihrer Tracht warben, die Produkte am Anleger Messberg vom Ewer ab, um sie auf den Wochenmärkten oder aus Körben, zu Fuß in der Stadt abzusetzen und mit ihrer Erscheinung das Hamburger Stadtbild zu prägen. Auf Bildpostkarten wurden sie gern als Hamburger Originale abgebildet. Die Vierländer Eisenbahn zwischen Bergedorf und Zollenspieker vereinfachte seit 1912 den Transport von Produkten und Menschen wesentlicht. (18)

Maiglöckchen, „Maiblomen"

„Maiblomen" oder „Liljenkonvaljen" wachsen als Convellaria wild auch in unseren heimischen Wäldern, seit alters gefragt wegen ihres frischen, parfumartigen Duftes. Als jährlich wiederkehrende Staude war sie für den Garten geeignet und von dort erfolgte die massenhafte Erzeugung seit den 1870er Jahren zum bedeutendsten Vierländer Exportartikel in die ganze Welt. Den Transport überstand die Pflanze als Wurzelkeim ebenso unbeschadet, wie ihr Treiben dann vor Ort jederzeit möglich war. In ganz Deutschland durfte sie bis heute nicht bei der Konfirmation fehlen, im Knopfloch der ersten Erwachsenenjacke des Knaben und vom Spitzentaschentuch umhüllt auf dem Gesangbuch des Mädchens. In den 1950er Jahren bestimmte sie am ersten Mai das typische Bild von Paris im Fühling in jedem Schaufenster und im Knopfloch des Herrn. In den Vierlanden hat Curslack offenbar den Vorreiter gemacht, denn hier gab es die spezifischen Böden, die den natürlichen Standorten nahe kamen, feucht, leicht sauer und nährstoffreich. Ein weiterer Schwerpunkt ist Altengamme, wo man noch heute weite Maiblumenfelder entdecken kann. „Maiblomentid" ist Mitte September bis November. Mit eisernen Haken und großem Kraftaufwand wurde das Wurzelgeflecht herausgerissen. Die größte Arbeit jedoch machte das Auspulen, das Sortieren der Triebe nach Spitzen (Blütentrieben) und Ranken (Pflanzentrieben). Die Ranken müssen baldmöglichst wieder in die Erde, um den Erhalt der Kultur zu gewährleisten, die Spitzen aber, die eigentliche Handelsware, werden zu Bunden von je 25 Stück geschnürt und kommen zum Versand. In dunklen Moosbeeten erwecken sie dann die Gärtner am Bestimmungsort wieder zum Leben, oder im Kleinen die Familie in der Stube. In den 1950er Jahren zauberte man auch in Hamburg aus Papierbechern mit Moosfüllung blühende Maiglöckchen, deren Triebe die Abdeckung aus Silberpapier durchbrachen. Faszinierend dabei war die „selbst erzeugte" Blüte zu Unzeit, ähnlich wie die Hyazinthe zur Weihnachtszeit, nun ein Bote des Frühlings. (19)

Stiefmütterchen, Kirchwerder, März 2000

Stiefmütterchen

Das Vierländer Stiefmütterchen wurde besonders seit den 1950er Jahren zur beliebtesten Bepflanzung des städtischen Balkonkastens und der Rabatten von Kleingärten und öffentlichen Anlagen, in denen sie im frühen Sommer von Tagetes und Begonien abgelöst werden. Erst in den letzten Jahren haben die Freilandstiefmütterchen ernsthafte Konkurrenz von den großblumigen Treibhaussorten, wie Schweizer Riesen, bekommen. Wildfraß und nasse, milde Winter lassen die Pflanzen zu schnell ins Kraut schießen und damit transportunfähig werden. Meist im Nebenerwerb angebaut, gehen die Anbauflächen Jahr für Jahr zurück.

Das dreifarbige Vierländer Stiefmütterchen stammt von der kleinblumigen, ganz ähnlichen Wildform ab. Mit der ebenfalls kultivierten und als Strauß verkauften duftenden Viole hat sie nichts zu tun. Die heutige Gartenform dürfte zuerst in England und Frankreich entstanden sein, wo sie eine ähnliche Rolle spielte, wie bei uns das Vergissmeinnicht, und vor allem als Grabschmuck diente.

Im August gesät, gedeiht die Pflanze im feuchten, schweren Vierländer Boden vorzüglich, auch im Frost ist sie resistent, blüht bereits und verströmt einen frischen, intensiven Duft in der ganzen Umgebung. Mit Haken oder Forke werden die Pflanzen mitsamt Wurzelballen „herausgekriegt“, abgeschüttelt, in Spankörbe verpackt auch meist hierin verkauft, vom Kommissionär im Lkw geholt, zum Großmarkt in Hamburg gebracht, von Supermärkten und Wochenmärkten dann dem Verbraucher dargeboten. (22)

Zwiebeltreiberei

Das Treiben von Blumenzwiebeln, d. h. diese zum Blühen zu bringen, ist eine weitere Vierländer Spezialität, besonders werden so Narzissen und Tulpen gewonnen. Massive Billigprodukte der Supermärkte und Großposten aus Holland machen den Vierländer Betrieben ernsthaft zu schaffen, deren Erfolg auf Haltbarkeit und Qualität beruht. Im Oktober werden die Zwiebeln (aus Holland) zu je 48 Stück in Kisten gepflanzt. Genaue Temperierung und Feuchtigkeit im Glashaus lässt den Zeitpunkt der Blüte genau berechenbar machen. Eine Hand voll Betriebe nutzt noch die Freilandmethode besonders für Narzissen. Die eingekästeten Zwiebeln werden unter Stroh und Mist im Freien gehalten, wobei sich nur ein kleiner Zeitvorsprung gegenüber dem natürlichen Blühzeitpunkt erzielen lässt. (22)

Vierländer Blutegel

Eine heute geradezu abstrus wirkende Vierländer Spezialität des 19. Jahrhunderts war der Blutegelhandel. Von den noch nachweisbaren 259 Hamburger Blutegelhändlern stammten 168 aus Vierlanden, besonders Kirchwerder und Altengamme.

Als Blutegel-Händler betätigten sich vor allem Kleinbauern und Tagelöhner, aber auch tatkräftige Witwen, deren eigener Grundbesitz für den Lebensunterhalt nicht genügte. 1824 erreichen die Vierländer Fangexpeditionen Polen, 1830 bereits die Ukraine nach nur sechs Wochen Fahrzeit mit dem Pferdewagen, der jeweils in Schubläden und Lederbeuteln bis zu 300 000 Tiere aufnehmen konnte. Zuhause versuchte man auch in 40 m langen künstlichen Becken eine Nachzucht, die häufig Opfer von Hochwasser wurde wie die 40 000 Zuchtegel der Familie Wobbe, die 1855 mit einem Schlag durch die Sturmflut befreit wurden.

Der uns seltsam anmutenden Ware liegt die medizinische Theorie der Säftelehre zugrunde, die seit der Antike Krankheiten mit deren Ungleichgewicht erklärte, das durch künstlichen Eingriff wie Blutabzapfen durch Aderlass wieder hergestellt werden konnte. Die sanfte Methode der Blutegel hatte es in der Volksmedizin schon lange gegeben. Zur Mode wurden die Egel aber erst durch einen der Ärtze Napoleons, Joseph Victor Broussai (1771–1838). In Frankreich verbrauchte man zwischen 1827 und 1832 bereits 57 Mio Stück. Nachschub war nötig, weil ein Egel bis zu $1^1/_2$ Jahre von einer Blutmahlzeit zehren und leben konnte. Durch Vierländer Initiative avancierte Hamburg zum Zentrum des Welthandels mit Blutegeln, die in Fässern von hier nach Australien und Amerika gelangten. Mit wenig Erfolg versuchten die Hamburger Stadtväter durch Egelzuchten in den Wallgräben am Gewinn teilzuhaben. Vertrieben wurden die Egel über die Apotheken, von deren eindrucksvollen verschraubbaren Vorratsgefäßen mit Aufschrift „Hirudines“ das Altonaer Museum zwei sein eigen nennt. (20)

Rieck-Haus, Groot-Dör mit Trachtenpaar und Kirchenwagen. Foto: Willi Beutler

Schwan auf der Gose Elbe

Sumpfdotterblumen im Naturschutzgebiet Kirchwerder Wiesen

Gose Elbe bei Kirchwerder

Storch bei der Nahrungssuche

Naturschutz Kirchwerder Wiesen

Die Vierlande sind besonders im letzten Jahrzehnt zum Wildwuchsgebiet von Einfamilienhäusern geworden, die, durch keinen Bebauungsplan oder Auflagen in Ausführung und Material gehemmt, die Baulücken an den Deichstraßen füllen und die amtliche Idee der „Fenster zur Landschaft“ zunichte machen.

Als Ausgleich für die zunehmende Zersiedelung der letzten zusammenhängenden größeren grünen Fläche der Hansestadt ist diese Initiative des Naturschutzes zu sehen, die das Projekt „Kirchwerder Wiesen“ in ganz Deutschland zum Begriff gemacht hat; eine aus Weiden und Ackerland bestehende Fläche, von der 90 % in Privatbesitz ist. Extensivierungsverträge und Ausgleichszahlungen sollen die Landwirte besänftigen. In Abstimmung der Richtlinien der Europäischen Union zielt die Maßnahme vor allen auf den Schutz der Vögel. Die Tier- und Pflanzengemeinschaften sind vom Schreibtisch aus jedoch schwer zu regulieren. Eine über Jahrhunderte gewachsene Kulturlandschaft mit ihrem empfindlichen Gleichgewicht kann durch Extensivierung nur verlieren. Die Symbiose von Kultur und Natur gerät durch den gut gemeinten Eingriff aus dem Lot. Gräben werden nicht mehr gemäht und entschlammt, Wiesen nicht gemäht, Buschwerk nicht eingedämmt. Der angeblich naturbelassene Zustand vertreibt die Arten, die eigentlich geschützt werden sollten. Dass der Kibitz auf einmal selten geworden ist in den Vierlanden, ist damit zu begründen, dass der Bodenbrüter die gewohnten Verhältnisse seiner kurz gehaltenen Wiese vermisst. (22)

Der Storch

Besonders der Storch gilt als Anzeiger einer intakten Umwelt in den empfindlichen Feuchtgebieten, die in Norddeutschland seine Ansiedlung gewährleisten. Verstädterung, Trockenlegung und Intensivierung der Landwirtschaft haben seine Lebensbedingungen drastisch eingeschränkt. In den Vierlanden nisten jährlich wenig mehr als 5 Paare, die ebenso viel bzw. wenig Jungstörche großziehen. 1910 gab es noch 80 Nester mit 322-fachem Nachwuchs, 1917 noch 52 Nester mit 148 Jungen. Das Wagenrad auf der Scheune des Rieck-Hauses, sonst die geeignete Nistunterlage, hat seit nun fast 50 Jahren zwar einige Störche zur näheren Betrachtung angeregt, aber keinen zum Nestbau animiert.

8000 bis 10 000 km legt der Weißstorch aus den afrikanischen Winterquartieren zu uns zurück, als Segelflieger unter Ausnutzung der Höhenwinde. Siedelt er auf dem Hof, bedeutet das Glück und Reichtum, auch wenn er dem Reetdach nicht gut tut und die frei laufenden Küken gefährdet. Er bringt Geld und Kindersegen, und mancher Kümmerling, der im Herbst mit den anderen nicht in den Süden starten konnte, wurde auf der Diele mit Fisch durch den Winter gefüttert.

Der Storch hat sich über Jahrhunderte der Kultur des Menschen angepasst, ohne Scheu folgt er dem Trecker, um durch den Pflug verunfallte Würmer und Mäuse zu ergattern oder bei der ersten Heuernte die Schnecken einzusammeln.

Verwendete und weiterführende Literatur

Die Kennziffern verweisen wie Anmerkungen auf die verwendete Literatur.

Bauche, Ulrich: Landtischler, Tischlerhandwerk und Intarsienkunst in den Vierlanden ... bis 1867. Hamburg 1965

Bauche, Ulrich: Vierländer. In: Volker Plagemann (ed.): Industriekultur in Hamburg ... München 1984, 59f.

Bedal, Konrad: Ländliche Ständerbauten des 15. bis 17. Jahrhunderts in Holstein und im südlichen Schleswig. Neumünster 1977

Brinckmann, Justus: Hausfleiß und Kunstgewebe in den Vierlanden. In: Verein Altonaer Kunstfreunde. 2. Jg., Aug., 1901, 1–4

3) Bruns, Maike: Das Rieck-Haus. Führungsblatt I, II, Hamburg 1979

12) Eckstein, Dieter, Kai Mathieu, Josef Bauch: Jahrringanalyse und Baugeschichtsforschung. Aufbau einer Jahrringchronologie für die Vier- und Marschlande bei Hamburg. In: Abh. Verh. naturwiss. Verein Hamburg, (N. F.) 16, 1972, 73

18) Ergebnisse der Dokumentation Sparte Bild/Ton des KKVV. In: Latücht 19/1994, 9f.

Finder, Ernst: Die Vierlande. Beiträge zur Geschichte. Landeskunde und Volkskunde Niedersachsens. Hamburg 1922

Förster, Hans: Die malerischen Vierlande. Hamburg 1920

Förster, Hans: Ohl Verlanner vertellen. Braunschweig/Hamburg 1921

Förster, Hans: Malerische Marschen in Wort und Bild, von Bill- und Ochsenwerder über Bergedorf bis Vierlanden. Hamburg 1938

Gädtgens, Paul: Der Kratzputz in den hamburgischen Vierlanden. In: Mitteilungen f. d. Bauwirtschaft Jg. 21, Nr. 80, 1967, S. 2

Gädtgens, Paul: Der letzte Barg im Vierländer Freilichtmuseum. In: Mitteilungen für die Bauwirtschaft, Jg. 21, Nr. 50, 1967, S. 2

13) Gädtgens, Paul: Das Eindecken von Weichdächern. In: Latücht 10/1992, 4

Grote, Rolf-Jürgen: Alte Bauernhäuser in den Vierlanden. Hildesheim 1984

2) Grundmann, Günther: Das Freilichtmuseum in den Vierlanden. Rieck-Haus in Curslack. Hamburg 2/1959

Haase, Hermann: Tracht, Haus und Hof der Vierländer. Hamburg 1910

23) Haase, Hermann: Kinderseelen. Hamburg 1930

Haase, H. W.: Der Bauerngarten am Vierländer Bauernhaus. Zur Wiederherstellung des Bauerngartens am Rieck-Haus in Curslack. In: Jahrb. d. Altonaer Museums, 163, 175-183

20) Hinrichsen, Torkild: Zur Ader gelassen ... In: Jahrbuch des Altonaer Museums 28/31, Teil 2, Hamburg 1995, 176-185

22) Hinrichsen, Torkild: Ergänzungen, Texte und Zwischentexte in vorliegendem Buch, Husum 2000

Heine, Günther: Intarsientischlerei in den Vierlanden. Hamburg 1983

Johannsen, Carl Ingwer: Das niederdeutsche Hallenhaus und seine Nebengebäude im Landkreis Lüchow-Dannenberg. Braunschweig 1974

Juhl, Ernst (ed.): Land und Leute an der Niederelbe. Hamburg 1912

10) Kaufmann Gerhard und Paul Gädtgens: Die Feldentwässerungsmühle im Freilichtmuseum Rieck-Haus. In: Jahrbuch des Altonaer Museums, Bd. 6, Hamburg 1968, 138–178

1) Kaufmann, Gerhard: Vierländer Freilichtmuseum Rieck-Haus in Curslack. Hamburg 2/1971

Kaufmann, Gerhard: Bemalte Wandfliesen. Kulturgeschichte, Technik und Dekoration der Fliesen in Mitteleuropa. München 1973

Kaufmann, Gerhard (ed.): Stadt-Land-Beziehungen. Verhandlungen des 19. Deutschen Volkskundekongresses in Hamburg ... 1973. Göttingen 1975

Kaufmann, Gerhard: Bauernstuben. Vortrag in Altonaer Museum. In: Jahrbuch d. Altonaer Museums, Bd. 16/17 Hamburg 1980, 93–140.

Klee Gobert, Renate: Die Bau- und Kunstdenkmale der Freien und Hansestadt Hamburg. Bd. 1: Bergedorf, Vierlande, Marschlande. Hamburg 1953

Könenkamp, Wolf-Dieter: Wirtschaft, Gesellschaft und Kleidungsstil in den Vierlanden während des 18. und 19. Jahrhunderts. Göttingen 1978

Küster, Christian: Gußeiserne Öfen und Ofenplatten im Altonaer Museum. In: Jahrbuch des Altonaer Museums Bd. 14/15, Hamburg 1977, 61–98

Lehmann, Otto: Das Bauernhaus in Schleswig-Holstein, Altona 1927

8) Müller, Renate: Licht und Feuer im ländlichen Haushalt. Hamburg 1994

Schlichtung, Frank: Haus und Wohnen in Schleswig-Holstein. Literarische Zeugnisse des 18. und 19. Jh. und die Frage ihres Realitätsgehaltes. Neumünster 1985

Schröder Werner: Die Hitscherberger. Hamburg 1984

11) Schröder, Werner. Die Vierlande und ihre Menschen. Hamburg 1989

14) Schröder, Werner: Emil Evers. In: Latücht 24/1996, 11

15) Schröder, Werner: Die schiefe Brücke. In: Latücht 23/1996, 7

7) Schröder, Werner: Von Zwei- zum Vierständerhaus. In: Latücht.

5) Schwarz, Brigitte: Vierländer Großkate Krauel Haus (Im Altonaer Museum). Führungsblatt am 1. in Hamburg o. J. (1979)

4) Schwarz, Brigitte: Bäuerliches Hausgerät. Führungsblatt des Altonaer Museums. Hamburg 1979

Schwindrazheim, Hildamarie: Bauernstuben. (Schausammlungen des Altonaer Museums, Heft 2.) Hamburg 1967

19) Struß, Hermann: Maiblomentied in Veerlannen. In: Latücht 37/1999, 3

16) Timmann: Kopfweiden – ein Stück Kulturgeschichte. In: Latücht 5/1991, 7

6) Walter, Karin: Die schöne Vierländerin. Eine Tracht wird zum Symbol. Hamburg 1996

21) Wobbe, Rolf: Chronik der Vierländer Eisenbahn. Hamburg 1984

Wobbe, Rolf: Vierlanden, deine Vereine. Hamburg 1986.

17) Wobbe, Rolf: Die Vierländer Erdbeere. In: Latücht 9/1992, 5.